傻傻的花

每個人都有夢，
有了夢想就要堅持。

周思潔 著

目錄

CONTENTS

Chapter 1
守候與堅持

Chapter 2

成熟的美麗

目錄

Chapter 4

快樂與幸福

推薦序一

她的復出，激勵追求夢想的人

余湘——媒體教母

之前，認識周思潔是在電視上，她是一名稱職的演員，同時也是一個頗有名氣的歌星。看她演戲，隨著劇情的發展跟著她哭、跟著她笑。看她唱歌跳舞，跟著她手足舞蹈是一件很開心的事情！

再看到她時，她已經是一個心靈導師，把她自身慘痛的負債人生，十七年還清一億元的經歷分享成爲最佳的勵志案。

幾十年過去了，現在的她竟然重操舊業，拾起了麥克風。在唱片業一片蕭條中，要出唱片了，說她是個奇女子也只是剛剛好而已。

原來，人類因夢想而偉大，是眞的！人類追求夢想不因時間、年齡、性別所侷限，而是勇敢放膽的追尋，思潔的勇氣就像一朵「傻傻的花」努力的綻放生命、屹立不搖，看似柔弱卻堅忍不拔，著實令人敬佩！

我認識的思潔，是一個細心善良、有溫度的好朋友，也是一個低調客氣、有魅力的好老師。

也許她的復出，會有一股能量，去激勵更多追求夢想的人。

我相信上帝必會看見並賜福給勇於追夢之人。

我也相信她一定會再次創造屬於她自己獨特的奇蹟。

祝福思潔！

推薦序二

思潔是我見過最認真的人

范可欽——廣告才子

記得第一次透過友人介紹認識思潔，我對她原先的歌星印象被她一席話完全改觀，聽她娓娓道來多年前的一場惡火燒光了她的事業，加上爲家人作保一夜之間負債超過上億，換是一般人早就遠走高飛或是自我了結，以思潔當時的條件也可以找個有錢的男人當靠山，但她卻毅然扛起重擔應付多方債主，認眞還債，長達十幾年。

藝人還債，通常都是回頭做老本行，但思潔走向的是另一條心靈導師之路，多年來她在海峽兩岸累積了龐大的追隨學生（套一句現在的流行語，就是「潔粉」），最初思潔邀我去上海旁聽她的課程，我被她的講課神采和內容深深吸引，所謂心靈老師我見多了，但思潔老師的課程不論是形式內涵，她都精心設計過，我注意到她上課整場二小時從不看稿，所有內容都背在她腦中，認眞教課，又是長達十幾年。

思潔有一項獨門絕學稱作「能量的移動」，專業上的理論非常深奧複雜，簡單說就是「凡走過必留下痕跡」，歷史上發生的每一件事理論上都會在能量場裡留下足跡，後人只要知道方法，就可以如同上網一般到能量場去搜尋某事件眞相和發生的過程，乍聽之下讓人匪夷所思，我一開始接觸時心中也是問號滿天飛，於是二〇一四年我開始對思潔進行一連串的科學驗證，並用影片全程記錄，小到失物協尋大到臺灣重大刑案的眞相，就在記錄的過程中發生了馬航 MH370 空難失蹤的事件，思潔非常認真的幫忙尋找這架飛機，她經過反覆的驗證找到了飛機落海的經緯度並且公布在臉書，也許是藝人背景的關係，媒體不相信她的推測，但她毫不氣餒竟然隻身遠赴馬來西亞和北京，不斷遊說相關單位和空難家屬能到她公布的地點搜尋，她甚至還想自掏腰包聘請專家租用探勘船到越南外海搜尋，但由於費用高昂加上越南是共產國家的種種因素無法成行，五年多來馬航的下落依然成謎，也許正如思潔所說，大家找錯地點了，她深刻感應到馬航還躺在越南胡志明東南方的深海裡。我知道此事非常讓人難以置信，但依照我之前所做的驗証結果來看，「能量的移動」是眞的有不可思議的準確性，萬一！萬一！萬一馬航眞的在思潔說的位置上被找到，這絕對是國際大頭條！

現在思潔在進行另一件事，就是推出《傻傻的花》專輯唱片和同名書，很快的大家就會看到思潔是多麼認眞在進行這些作品，雖然思潔是歌手出身，以前也出過許多唱片，但這次的作品絕對不能用歌手宣傳來看待了，《傻傻的花》從製作到

ＭＶ每一個環節，處處可以看到思潔是眞下了重本，無論是請小蟲老師寫歌編曲，賴偉康、黃中平導演拍攝ＭＶ，聘請幕後一流的企宣團隊，她還減重十公斤加上魔鬼舞蹈訓練和挑戰高難度動作，服裝一套套做，舞群一個個請，布景道具毫不馬虎，以她今天的事業成就實在不需要這樣「傻傻的花錢」，但爲了呈現不一樣的另一面，認眞的人走到那裡幹什麼都是認眞的，這就是周思潔。

再說一次，思潔是我見過最認眞又不認命的人，希望她事業有成之餘，也認眞談個戀愛吧。

推薦序三

重新出發，發掘更多的可能

許傑輝——演員／導演／表演設計

走進我表演教室的人，我會習慣性的先去觀察他們的眼神、身體行動的線條、平衡以及有沒有速度、力量、呼吸位置好不好？有沒有帶著一顆願意學習，重新歸零的心。

這幾年每次只要有遇到周姐，她總會微笑的對著我說：「傑輝老師，我想上你的課哦！」一般會保持學習，持續練功的藝人不多，哈！這句話應該又得罪一堆人了。因此，我通常會把「我想上你的課哦！」歸類是對我的另一種打招呼的方式。

但這位「前輩」眞的要來上課了！爲了讓彼此不要有太多的壓力和負擔，我先要求懇談，再針對想要強化表演的細節進行規劃、訓練和設計。

雖說是認識很久的朋友，也是演藝圈的前輩，但離開歌唱表演有一段時間了，要如何保有自己的特質？新創不同的感覺……好多好多要重新建立，「信任」是我們的第一堂課。唯有信任我們才能修整掉慣性，我們才能再發掘更多的表演可能。

在這個重新學習的過程中，我發現周姐生命裡沒有「叛逆」的記憶，沒有「叛逆」的情緒，不會表達「叛逆」這兩個字！這可能是被原生家庭的責任給覆蓋了，沒關係，我們用耐心重建一個。

對於周姐本質散發出「祈禱」那種虔誠的線條，看了讓人尊敬。對於身體的速度與力量，我看到她發抖的汗水滴落在排練教室的地板上。爲了想讓大家看到不一樣的「周思潔」，上課很折磨、很辛苦也很衝擊。

我在課堂裡看到她的認眞，不輕易放棄和想要求好一次又一次的表演，也希望這次重新出發的周思潔，你們能細心品嘗這麼用心的音樂專輯《傻傻的花》。

謝謝周姐，我也從您身上學習到很多。

推薦序四

一個大起大落、千迴百轉卻更亮眼的明星

粘嫦鈺——資深媒體人

三十年前，因爲採訪認識星味十足、清麗迷人、戲約不斷的大明星周思潔。之後她演藝事業達到頂峰，投資事業卻遭受大火襲擊，負債累累。人生從雲端跌落谷底。

之後的十五年，浴火重生的思潔老師成爲天使般的人生導師，鑽研心靈、思

想、行動、潛能、能量，她遍訪名師，日日修研，並以巨大的能量走遍各地，安慰、協助需要助一臂之力的人們。

思潔是我見過改變最大的明星，從裡到外徹底改變，不單只是高高在上的明星，而是一個接地氣，懂人心，時時刻刻貼近民眾心靈的撫慰者，任何時候看到她，總是笑容滿面，語調輕快。

她到底如何內化成一個具有超能量的導師，修研過程、人生經歷、人格特質都是因素，但她與眾不同的是擁有一顆柔軟、美麗、良善的心，一直沒有改變，就像一朵「傻傻的花」，不管經歷多大的風雨，始終韌性、堅強、努力的成長，而且樂於分享、助人，讓她的能量越來越強。

思潔的好能量幫助過很多人，改變了很多事，過往明星能做的事情有限，而今的思潔老師想做的事無限寬廣……。

在睽違二十四年之後，將以全新的態勢重返歌壇，投下令人驚喜的震憾彈！相信她即將爲演藝圈帶入新的氣象，未來她的能量精進、續強，也將爲眾人解開更多人生謎團，利眾生，乃社會之福。

傻傻的花／詞曲：小蟲JonnyBug Chen

倘若花都不會開
蝴蝶不會來
他們就會找不到　美麗的雲彩
夜裡哭起來
揉揉了眼睛
只有月亮叫我小星星

不小心跌倒
沒有人會來學會自己勇敢站起來
拍拍了上衣　說聲沒關係
妳要好好的　好好愛自己

陽光總是暖暖的
風兒總是自由的
水啊慢慢流成河
山谷開滿小百合

傻傻的花呀　傻傻的開
蝴蝶兒飛來都圍繞著她
綠綠的葉子手張開
大方的分享快樂愛

傻傻的花呀　傻傻的開
總有個地方叫重來
只要精彩的盛開
想要的舞台就是現在

chapter 1

守候與堅持

有人曾說我是「壓不死的玫瑰」，
現在回想，也許我更像梔子花，
在漫長的含苞期默默努力，
相信風霜雨雪之後，我的堅持和努力，
一定有自己的舞台。

梔子花：永恆的愛，一生守候和喜悅

香氣淡雅宜人的梔子花，在冬季孕育花苞，到了夏至才綻放，含苞期越長，清麗芬芳越久。乾淨典雅的梔子樹葉，可以長年在風霜雨雪中翠綠不凋，悄悄地展露了美麗醇厚又堅韌的生命本質，看起來不經意，卻也經歷了長久的努力與堅持。

不論幾歲都有夢

最美的盛開

光臨現在，才能成為好命的人。

這二十多年來，我的身分一直是生命成長課題的老師。所有認識我的人，都稱呼我周老師。因爲我的人生遇到太多波折，也有幾次大轉彎，這些歷程讓出版社邀請我出了好幾本書，包括《生命其實可以重來》、《一年還一千萬的金錢密碼》、《理債女王的金錢智慧》、《我靠波折來栽培》、《養成有錢人的體質》，我也一直樂在和學生分享生命經驗的工作上。

但是，這些年來，總是覺得我的生命拼圖缺少了一塊，怎麼拼湊都不完整。有時在趕赴上課的車程中，在早晨喝一杯咖啡的短暫嫻靜時光裡，在下課後的車水馬龍中，或是在回家後某個看見滿天星空的夜晚，總是會有個聲音像琴鍵一樣落在心底。

剛開始是微弱的單音，這幾年來，慢慢地越來越強烈，開始有和弦，開始有節奏。

然後，在我五十九歲的這一年，我終於聽清楚了，原來多年來一直在我心裡敲打的聲音，就是要我回到當年進演藝圈的初衷——重拾麥克風唱歌。原來，那個聲音叫夢想。

一有這樣的念頭後，我就開始做好重回歌壇的準備。

從前人生幾次開我玩笑，讓我有應接不暇的挫折和災難。我也認份接招，一場火燒盡我當年在汐止東科園區三百坪的辦公室，一夕之間負債八千萬，還因作保幫親人背債兩千多萬，這總計一億的功課。我要面對每天跑銀行軋三點半的票、面對不斷辱罵的追債、黑社會的恐嚇、親友的冷嘲熱諷、公眾形象的破滅……。但是我始終不把這些一般人難以想像的經歷當作磨難，反而把它當成生命的養分，用這些養分強化生命的韌性，要自己學會穿越，學會把波折當栽培。淡出演藝圈二十多年，我從「周思潔」變成「周老師」。

這次，換我來和人生開個玩笑，我決定同時擁有「周老師」的身分，並且再回到十七歲踏入歌壇的「周思潔」。

也許在很多人眼裡確實認爲我在開玩笑，都幾歲了還要重返歌壇出唱片？幹嘛不好好當老師演講開課就好，賺得還比較長遠、穩當！但是，對從小熱愛唱歌的我來說，當生命千迴百轉，當世界千變萬化，沒有什麼比完成自己人生最初的夢想更叫人怦然心動和熱血沸騰。

再者，我也想將這專輯獻給我那偉大又辛勞一生的母親。她今年八十八歲，深居簡出，對很多事物已難有興致，但看著我新歌的ＭＶ卻驚訝的問：「這是你嗎？」邀她參加我的記者發表會、新歌音樂會也都爽快的一口答應。我看到母親眼裡閃爍著許久未見的興奮與喜悅！

或許「天下的媽媽都是一樣的」都期望孩子能光彩、榮耀。

我五十九歲，我是歌手周思潔。我回來了。

我要告訴你，不論幾歲，都要有夢。不論多晚，都來得及追夢。

最美的領悟 Comprehension

生命是一場『發現之旅』——發現感動、實現夢想。

對愛的渴望

最美的盛開

我傻裡傻氣地來到這世上，哪怕逆境重重還能感到幸福活到現在，真是個奇蹟。

每一個人都需要愛，不論生來有多堅強的個性，有多獨立的能力。

只是每個人對愛的渴望程度會和從小的原生家庭息息相關。

你渴望愛嗎？

回想我的童年，我差一點是不會來到世上的孩子。

我傻裡傻氣地來到這世上，哪怕逆境重重還能感到幸福活到現在，眞的是個奇蹟。

我家有六個孩子，我排行老五，上面有四個姊姊。我們周家又是單傳，伯父伯母也沒有生男孩，所以媽媽爲了生一個兒子，懷我的時候極度渴望我是男生，還爲了確認我的性別去廟裡抽籤問神。當她知道又懷女兒時，心裡的失望可想而知。幸好當時一個廟公跟她說，這一胎有可能是男孩，但如果是女生應該會更好，因爲這個女兒會對你們的家庭幫助很大，所以她才勉強生下我。在我之後出生的弟弟，當然就集萬千寵愛於一身，期待他成爲周家唯一的英雄。

我有記憶開始，媽媽的愛大都放在弟弟身上。小時候我都笑稱自己是「舞女」（五女），凡事都要靠自己，因爲媽媽根本忽略我，再加上我從小就個子瘦小、皮膚黝黑，總是被媽媽用台語嫌棄：「你黑ㄌㄨㄌㄨ，黃酸桶，眞難看。」我就是在這樣的貶低聲中長大，可想而知我有多自卑。

我和弟弟的差別待遇，從零用錢這件事就可以證明我媽媽對弟弟的偏愛。如果弟弟有一塊錢，我可能幾天之後才拿到一毛錢。五十幾年前的一毛錢其實根本什麼都買不到，頂多只能到雜貨店買兩顆糖果。我印象最深刻的是，每次我用好不容易有的零用錢去買了糖果，弟弟吵著要吃，如果我不給他，媽媽就會罵我。對我幼小的心靈來說，其實是很受傷和不平衡的。

「妳比弟弟大兩歲，多吃兩年的飯，理所當然就一定要讓他。」這是我媽最常說的一句話。

不僅要我凡事讓弟弟，她對我的教育總是以責備、批評代替讚美，所以我的成長過程極度沒有自信。

現在想來，那個年代其實很多媽媽也許像我媽媽一樣，不是不愛孩子，只是不知道怎麼愛，只會要求和責罵，不會理解孩子的心裡感受。更別說鼓勵孩子，讓孩子有自信。

說起來我媽媽是一個既偉大又苦命的女人，她和我爸爸結婚後，家境清苦，沒有過過一天好日子。她一個人要扛起家計，養家裡九個人，當時我的阿嬤和我們全家住在不到十坪大的房子，而且是和其他家庭分租，客廳、廚房及浴室都要共用，吃喝拉撒睡都沒有自己的空間，一點生活品質都沒有。

到現在，童年克難的成長環境還歷歷在目，但聽說大我多歲的姊姊們童年更是辛苦。

那時候洗個澡要鼓起很大的勇氣，因為當時的浴室不只要和別人共用，而且小的不得了，只夠放一個洗澡的小水盆，旁邊就是廁所的化糞池，時不時會看到蠕動的蛆和飛來飛去的蟑螂！

當時我的阿嬤總是笑我在「刻鳳梨」，因為我很害怕進洗澡間，所以我總是先在外面把手腳和臉洗好，留下身體這一截再衝進去澡間速戰速決！阿嬤笑我這樣就像在刻鳳梨，一節一節、一層一層！

不只洗澡，上廁所也是我的夢魘，白天也就算了，到了晚上我更害怕，因為房間小，不夠放衣櫃，黑暗中那直接掛在牆上的衣服彷彿鬼魅，我索性到後來就憋尿不去上廁所。幸好我的大姐發現我有這個壞習慣，再怎麼寒冷的半夜，都會陪我去上廁所，不然我恐怕會憋出病來！這一點我到現在還真感謝大姐對我的疼愛。

我記得我們家那時還窮到連雞都買不起，所以在我們的床頭還要養小雞，要這樣才能吃到雞肉。

我爸爸娶到我媽媽真是他的福氣，他是個享樂主義型的父親，凡事只想到自己。

其實我爸爸是一個很有才華的父親，早期他幫電影院的院線片畫電影看板，可以把明星畫得栩栩如生，出版過各種書法套冊、廣告設計書，在業界頗有名氣。

我母親常說：「你爸爸賺的錢如果有存起來，當年最精華的台北延平北路都可以買下好多棟樓房。」在當年沒幾個人可以這麼厲害。

曾經聽我媽媽說過，我爸爸的老師是個日本人，一般人要三年六個月才學得會的廣告設計功夫，我爸爸學了一年，老師就說他可以畢業了。日本老師很看重我爸爸的才華，那時抗戰成功日本戰敗，在臺灣的日本人要回國，他的老師留下一些資產要給我爸爸，問他要現金還是要房子，我爸爸竟然選擇了現金，因為現金可以馬上拿來花用。

我媽媽說起這件事總是很感慨，她氣我的爸爸沒有想到一家老小，當時應該選擇房子，這樣我們就不用再和別人分租房子，可以住在屬於自己的房子裡。

媽媽的辛苦，我是都看在眼裡的。所以我雖然心裡渴望她多重視我一點，多愛我一點，我也不敢表現出來，只能默默自己承受，久而久之，我越來越自卑，越來越沒有自信。

我念高一時幫家裡買米，回到家之後都要趕快藏起來，因爲家裡雖然有九個人要吃飯，媽媽給的錢卻一次只能買一斤、兩斤米，怕被一起分租的人家看到了很丟臉，怕被笑我們家怎麼窮到連米都買不起。房東來收租金時，每每總會大聲斥喝，因爲所有分租的家庭中，只有我家是常常繳不出的。

天知道我是多麼渴望愛，渴望被看見，而不是被忽略。

最美的領悟

Comprehension

在宇宙的運行中，每一段旅程都是必然且無誤的。

夢想的萌芽

最美的盛開

「翻轉」意味著把之前所拒絕、否定和壓抑的部分，接納到我們的心裡。

種種的家庭因素，讓小時候的我很不快樂，很不喜歡自己。

在媽媽的「責罵教育」中，我一直被拿來和別人比較。

小時候被嫌棄長得不好看，長大以後賺了錢拿回家也常被比較：「妳也沒多紅，賺得也沒人家多。」

所以我的個性一直被壓抑，在別人眼中是個安靜內向的乖孩子。我甚至安靜到不知該和別人怎麼聊天，怎麼交往。

嚴格來說我根本沒有談得來的朋友，覺得自己樣樣不如別人。學生時代甚至不快樂到每年都好想換個班級，因爲我既孤單又覺得沒人喜歡我。

也許你不相信，國中時期的我是個害羞到連男生都不敢看的傻妹，更別說和男生說話了。就連我十七歲到日本時也一樣，從來不敢正眼看男性工作人員。

第一次對自己有自信，是在小學四年級的一次遊藝會，我被老師選上上台表演。因爲我的三姊當時已經是歌星，懂得化妝，所以她幫我畫了一個很漂亮的妝，當時我就被老師挑到最前排，跟所有的人稱讚我：「化妝就是要畫到這樣漂亮，站在台上表演才顯眼！」

天知道老師這句話對我的人生影響有多大。

那是我有生以來第一次發現，其實我長得並不醜，被肯定的感覺實在是太棒了。我開始喜歡這種被看見的榮耀感，再加上我本來就喜歡唱歌，家裡有個姊姊已經是歌星讓我有樣板可以追尋，更讓小小的我有了歌星夢。

編織這個歌星夢最開心的莫過於我的媽媽，在那個年代當歌星和賺很多錢是劃上等號的。她的態度開始一百八十度大轉變，要我好好學唱歌，書念不好沒關係，不會留級就好。

幸運的是，我的舅舅開歌廳，我從小學五年級就開始在舅舅的歌廳客串唱歌，讓我的歌星夢有機會萌芽。

母親開始聚焦在我身上，因爲她發現了我乖巧聽話，應該可以大大改善家計，於是不斷的與我約法三章。我常笑說：「只差沒到法院公證！」這三個約定是：

第一，三十歲以前不能結婚（因為要多賺錢養家）。

第二，所有賺的錢都要交給媽媽。

第三，交的男朋友一定要她同意。

而我也眞的傻傻的照單全收：

一、至今尚未婚。

二、演藝圈賺的錢，連銅板都一併交給媽媽。

三、很不容易談戀愛，因為要符合媽媽的期待滿難的。

雖然我喜歡唱歌和表演，但是當年因爲環境的關係，唱歌只爲了汲汲營營賺錢養家，因爲現實的壓力，唱歌變成我的工作，認眞說起來，我並沒有因此享受到喜歡唱歌的快樂。

你問我對唱歌的熱愛有沒有改變？當然沒有。

我只是把它珍藏著，依然渴望有一天，打開夢想的寶盒那一刻，仍然看到珍愛的夢想如新，我可以重新唱起那一首歌。

最美的領悟 Comprehension

唯有接受全部的艱難，我們才能連結生命的豐富與深度。

傻傻的花啊！傻傻的開

最美的盛開

這些別人眼中看起來很微小很傻氣的事，我卻可以因此感到幸福。

Bloom

有時候想想，我的人生眞的有點傻，每個初識我的人進一步了解我之後都會跟我說：「周思潔，你眞的是有夠憨膽呀！」

細數起我的傻傻人生事，還眞的有一籮筐。

小時候家境匱乏又被媽媽忽略的我，連零用錢都會比弟弟少很多，幸好有不重男輕女的阿嬤會背著媽媽偷偷塞零用錢給我，或在我受委屈時，替我主持公道。

每次只要拿到阿嬤偶爾給我的一塊錢，我就會去麵攤吃一碗熱呼呼的米苔目，而且吃到快見底時還會再去加湯，因爲這樣就可以自我滿足以爲吃了第二碗！

就連吃玉米我也好珍惜，總是把玉米一顆顆剝下來放在口袋，左邊一顆右邊一顆慢慢吃，捨不得一次吃完。我印象最深的熱湯則是阿嬤煎完荷包蛋後的洗鍋水加上點醬油、蔥花，哇！眞是人間美味。我感念阿嬤對我的愛，也遺憾阿嬤在我國一時就離世，讓我沒能孝敬她。

因爲家裡窮，沒有冰箱，去當時家境還不錯的伯母家吃到人生中第一支綠豆冰棒時，我也可以興奮不已，覺得綠豆冰棒眞是全世界最好吃的食物。

這些別人眼中看起來很微小很傻氣的事，我卻可以因此感到幸福。

開始覺得自己茅塞頓開變聰明的時候，是全家都在舅舅開設的歌廳工作時。

舅舅在四十幾年前的寧夏夜市開了一家當時頗負盛名的國聲酒店，當年喊得出名字的紅牌藝人幾乎都會到這裡駐唱表演。現在回想起來，還眞要感謝舅舅，要不是他讓我們全家都去他的歌廳上班，我家一定更困苦。

當年我爸爸幫舅舅畫宣傳海報，我媽媽幫舅舅管倉庫，四姐當服務生，當歌星的三姐當主持人，弟弟在那裡學打舞台燈光，我在小學五年級也開始利用寒暑假到舅舅歌廳客串登台歌唱或演舞台劇。

說來很巧，我的四姐和爸爸的生日同一天，那時候我媽媽每逢爸爸和四姐的生日，就會在酒店辦桌請客慶祝，這樣的儀式延續好多年。

直到有一年，我突然覺得自己怎麼那麼聰明，偷偷暗笑這些大人有夠笨。每年都受邀來吃飯，怎麼都沒發現同一天生日的兩個人，一個這麼老，一個這麼年輕，竟然只有我發現這個天大的祕密，我眞是個天才。

殊不知這根本不是什麼祕密，是我少一根筋，笨的人其實是我，我還自以爲聰明，直到國中以後才恍然明白，不同年分也可以同一天出生，當然會有年齡的差距。

看看我有多傻！有時候我還真懷疑自己的智商是不是有問題。

再來說說我國中時代的傻事。

由於我小學四年級就立志當歌星賺錢養家，所以我很幸運的可以逃過課業的壓力，因爲媽媽要我有空就去練歌，至於課業，她只求我沒有留級就好。

這下可樂到我了，我唸書是「念一本丟一本」，那時候有高中聯考，我天眞抱著歌星夢以爲不用去參加聯考，所以每個學期結束就把課本丟了。後來是因爲很多人跟我媽媽說，妳女兒這樣不好吧！國中畢業就當歌星，至少要讓她念到高中畢業，學歷也比較好看。

於是傻傻的把課本丟掉的我，在初三下學期才決定要考高中。這下好了，我心想我怎麼可能考得上，那時候本來想去考育達商職，因爲考高職會比高中容易，分數也不用那麼高。後來會去念靜修女中，也是我的憨膽、身在險中不知險的個性讓我緊急大轉彎。

那時候我家住在靜修隔壁巷子，我心想，念育達還要搭公車走一段路，如果念靜修，只要從家裡走出來轉個彎就到了，多方便。

然後我又被靜修校外的招生宣傳公告吸引，上面寫著：「本校錄取率四分之一。」天眞的我又在心裡暗笑，那還不簡單，四個人去考就有一個人會上，騙肖ㄟ，我贏不了其他三個人嗎？

於是我又自以爲很好考，傻呼呼地去報名。

殊不知人家是錄取報考總人數的四分之一呀！而不是我所想的四個人選一個那麼簡單。

看看我有多傻！都要念高中了，思考邏輯竟然這麼簡單。

我又再次懷疑我的智商是不是有問題。

後來還眞的被我考上，但只是夜間部的備取生。我也還算認眞去唸了一學期，但後來發現夜間部的上課時間和我的生活作息不符，於是隔年又考插班，我總算考回日間部。

偶爾我會半開玩笑的說：「我的智商可能眞的有問題。」因爲當時的考試還有智力測驗，我依稀記得老師在發考卷宣布有沒有錄取時，手上一邊是我的筆試成績，一邊是我的智力測驗成績，他看我的表情簡直是一副：「怎麼可能，妳的智商未免太低了吧！」那個目瞪口呆的驚訝神情我到現在還歷歷在目。

我曾經輾轉想去問到底智力成績有多低，老師都不願告訴我，只說很低很低。我在想，以我的笨傻，應該是接近白痴的程度，因爲我根本看不懂考卷的問題，根本是亂猜亂答。老師是不忍說破，怕傷到我的心。

高中時代的傻事，想來更是令人啼笑皆非。

我是在十七歲時參加台視歌唱比賽被日本人挖掘簽約到日本出片，日本人對工作的嚴謹和要求不在話下，在我還沒到日本受訓前，就請日本一間很大的雜誌社到臺灣來採訪我，攝影師還到故宮拍攝我的宣傳照。當時工作人員稱讚我的腿好美，那是我第一次在想，腿不就是腿而已，還有漂亮和不漂亮的差別嗎？

看看我有多傻！對別人的讚美還要認眞思考，弄不懂別人的邏輯。

現在想來，其實是自己的邏輯有問題，但是我卻樂在其中從來沒有覺得這是一個問題，反而覺得是另一種幸福。

最美的領悟 Comprehension

人必須看清現實，然後感謝它！

潔與flower

潔語：沒有愛的存在，我們難以看見那些拒絕了一輩子的事。

蝴蝶蘭花語：對純潔愛情的執著。勇敢示愛。

沒關係，這就是人生啊

最美的盛開

生命就是這樣，不小心跌倒，沒有人會來，要學會自己勇敢站起來。

Bloom

這幾年我常想，我的單純，可能來自於成長環境的匱乏。

就連看男人這件事，我也從來不像一般女生，喜歡英俊帥氣的男生，因爲我從來不知道什麼標準叫英俊。以前大家說馬英九很帥，我也沒感覺，搞不懂帥的定義在哪裡，不就是個男人嗎？

這一點可能和我媽媽從小對我的教育有關，她總是跟我說：「看男人要看他的品性，水尢歹照顧！」她擔心我太小就進演藝圈，容易被人騙，因爲我的三姐就是太早談戀愛，所以她總是給我洗腦。

「男人不可靠。」

「男人要有肩膀。」

「不要人家稱讚妳長得可愛，灌妳幾句迷湯就跟人家走。」

這應該算是媽媽從我小學就開始灌輸我的兩性教育，所以我從小看男人除了不會看長相，也越來越防備，久而久之我變成戀愛白痴，不知道該如何和異性相處。

你相信嗎？我從來沒有參加過舞會，沒有和男生傳過紙條，沒有參加過課後聯誼，更別說只是單純和男生牽牽手。

儘管如此，我也從來不遺憾，在那個應該要玩得很瘋狂的青春年代，我竟然過得如此單純乖巧。

其實嚴格說來，這些造成我後來沒有足夠的養份，去把表演變得更生動有魅力，我只是一股腦想認眞完成表演，因爲從來沒有被滋養，也就不會嘗試在生活中找變化。往好處想，我被框架成演藝圈謹守本分的乖乖牌，大家提到周思潔的印象就是敬業、好相處；往另一個角度想，我其實是一個呆板、沒有魅力的人。

於是我開始疑惑，不知道怎麼經營自己的演藝事業，只覺得自己一切都很平。

直到我歷經數場人生災難，嘗遍人情冷暖，靠自己的力量東山再起後，我知道這些年的歷練夠了，生命能量也豐富了，現在重返演藝圈，我知道我絕對會不一樣。

我告訴自己，沒關係，我的人生我自己翻轉，我要「重新生下自己」。

過去的人生，媽媽不願意我和別人有更多接觸，不想和別人分享我，我又很聽她的話，到後來我甚至覺得我的乖已經有點變態，不只沒自信又自卑沒朋友，連好不容易談個戀愛都會懷疑自己，別人明明對我很好，也會認爲自己不配，擔心自己最終一定會失去。

沒有自信雖然不痛不癢，也不會令人生病，但對一個人的人生影響何其大。在我認爲，一個沒有自信的人，他的人生一定是黑白的。

直到有一天，有一個賣保健食品的朋友突然跟我說：「周思潔，妳的肩膀怎麼老是拱起來？」我才發現自己的姿勢竟然因爲長期緊張，養成聳肩的習慣。當時還以爲自己有結實的肌肉線條，因爲全身肌肉硬梆梆，後來才知道自己是因爲長期緊張引發的肌肉僵硬症。那一刻我才發現，我過去的人生，從來都沒有放鬆過，只要出門，就要全身進入戰鬥狀態，深怕別人不喜歡我，深怕不得體，所以一味的迎合別人，每天過得戰戰兢兢。

於是，三十歲那年，我驚覺自己不能再過那樣的人生，我發現我的不快樂已經到一個臨界點，身邊又沒有朋友可以傾訴，姊姊們各自有各自的人生境遇，弟弟又叛逆自顧不暇，唯一可以談的是媽媽，但她又總是充滿負面能量，於是我決定去上課，讓心靈成長課程帶自己走出來。

生命就是這樣，不小心跌倒，沒有人會來，要學會自己勇敢站起來。

我就這樣開始愛上學習，慢慢修補自己的不足，從上課當學生，靠著自己的人生經驗修煉自己，沒想到在四十歲時，完成了另一個心願，眞的成爲一位老師。

多年前有人曾說我是「壓不死的玫瑰」，現在回想，也許我更像梔子花，在漫長的含苞期默默努力，相信風霜雨雪之後，我的堅持和努力，一定會有自己的舞台。

最美的領悟 Comprehension

每個人都能透過學習，「重新生下自己」！

Q&A

請問老師，在遭逢困境時，為何沒想到找個男人依靠，可以分憂解勞呢？

沒錯！很多人遇到困難，常會想如果有個人可以幫忙不是很好嗎？但是，就我對生命的了解，當你抱持這樣的心態想找個人來塡補你的殘缺和問題，也許解決了眼前的問題，但又延伸另一個新的問題。

我的感情觀，是要把自己整理得很好，可以好好愛人也可以好好愛自己的最佳狀態下才去談感情，因爲這樣的能量才會相吸到一個也和自己一樣成熟圓融的人，這樣的婚姻或伴侶才是最好最適切的。相反的，如果你是抱著某種期望去尋找伴侶，你就會去結緣到也是帶著某種目的或期待的人，最後你會發現這種情感的結合往往會落空，只會讓你陷入更深的寂寞。

這就是很多感情不順的人會遇到的問題，大部分的人總會感慨自己運氣不好結緣到不對的伴侶，其實追根究底，往往是自己的問題。

所以我常慶幸自己在遭逢困境時身邊並沒有男人，否則對方一定被我拖累。

如今我經歷過人生的起起伏伏，現在的我可以很明確的告訴自己，我準備好了，隨時可以迎接新的感情。

願做汪洋中的一滴水

最美的盛開

人要有使命，我願做汪洋大海中的一滴水。

我的傻勁在我成爲心靈導師後，還是一點都沒有收斂。

曾經是廣告人的歌手鄭智化，就曾很坦白地跟我說，我這個人太傻，有時對人太好，很容易吃虧。

說來也許你不相信，我的公司每年要編列很高的預算招待學生，包括每年都有戶外教學，吃住交通全招待不說，每一次演講和學生的會後聚餐，全是我的公司買單。我的學生遍布全省，每一次北、中、南聚餐都是不小的開銷，一年少說也有七位數字。我敢說全世界沒有一個教育機構像我的公司這樣關愛學生。

也許你會說，學生也是有繳學費的，請他們也是應該的，但有時我對學生的好，連我的助理都怕我給得太多了。

鄭智化做過廣告，很了解人性，當時他不大贊同我的作法，認爲人性本惡，不能對人太好，適當的給一些好處還說得過去，給太多就沒有必要了。

不僅對學生大方，對員工也是一樣。我的公司幾年前就開始週休三日，每年全額招待員工出國旅遊一到兩次，每個人還有一萬元的購物金。如果當月有到大陸開課演講，跟我出差的員工當月還可以加薪三十%，在國外的那幾天還可以拿到五千元左右的零用金。員工生日禮金更是不會少，一個紅包就是六千元，還請全公司一起聚餐慶生。

請問，哪裡找得到這樣的老闆？

我總是覺得，錢多的人有能力，可以照顧更多人；錢少的人比較沒有能力，照顧的人就可以少一點；沒餘錢的人，至少要把自己照顧好。

我們公司規模不大，人也不多，我就把這些員工當作家人照顧好，也算是對社會盡一點責任，沒什麼不好。我的個性很慷慨，這一點我承認。

我有一個員工，結婚五年一直無法懷孕生小孩，結果到我公司上班後，兩年半生了兩個小孩，當時我的公司正遇到被詐騙、被火災付之一炬、最艱辛難熬的時期，我一樣咬著牙，依照勞基法，共給了她四個月的支薪產假，她生到第二胎時，自己都不好意思地跟我說：「老師，不用再給我了，妳自己都那麼辛苦。」

我還是二話不說，告訴她那是她的權益，我當然要給。除了被詐騙五千萬後的連續兩個月，因爲公司亂糟糟，全然無法營業，我特別請員工共體時艱，大家領了兩個月的半薪。

就連被詐騙的十個月後，公司被大火燒光的那一年，我依然發了一個月的年終獎金，我一分都沒少給我的員工。所以很多人都笑我是不是在經營國營企業，怎麼福利好成這樣。我的想法是，既然身爲老闆，本來就要多擔待一點，因爲如果公司賺錢也是老闆多賺一點，領薪水的上班族就只有領固定的薪水，不能省這種錢，再怎麼苦也要自己承擔。

以世俗的眼光和標準來看，我是眞的很傻，但我總是甘之如飴。

沒想到後來有一次鄭智化受邀來聽我的演講，一坐就是四個小時，結束之後他在台前感性的對我說：「周思潔，我發現妳是用生命和愛在辦課程，妳繼續對學生們好吧！要請他們吃飯貴一點也沒關係，只要妳想做就去做，我發現妳和別人不一樣，那些所謂的行銷策略在妳身上完全不管用。」

我當下也很訝異，會做廣告又是理化高材生的他，到底從哪裡看出來我和別人不一樣？後來想想，也許是他看見了我對學生的熱情，對生命的眞誠。

說眞的，我在做這些事時從來沒有想過要有任何回報，相反的，反而感到喜悅又開心。因此我的員工，到目前爲止年資最淺的十六年，最高的二十三年，有的則十七年，有的已辦退休，卻希望繼續做。我的學生更是跟我上課長達十多年的比比皆是，甚至已經三代同堂都是我的學生。

這些都是我非常驕傲的紀錄。我常跟學生提醒，大家要好好養生，健康的活到哪怕已過八十歲，都要繼續跟著我一期一會，眞做一生。學中玩，玩中學，我們要一起締造世界金氏紀錄。

我相信，我的生命之花若精彩的盛開，蝴蝶就會飛過來。

最美的領悟 Comprehension

世界再亂，春夏秋冬一樣到來。滾滾紅塵，全因真心而美麗。

潔與 *flower*

潔語：當你忘記笑，你也會忘了歌唱。忘了舞蹈，忘了愛，你不會只是忘了笑。

水仙花花語：愛自己。請不要忘記美好時光。

chapter 2 成熟的美麗

人們往往以自己的極限，

當作是世界的極限。

我對工作和人生從不設極限，

所以我總能看見不一樣的世界。

熬過春雨，我等待嫣紅多彩的初夏。

Jessie Chou

石榴：成熟的美麗、富貴和子孫滿堂。

石榴花絢麗多彩，特別是在春雨過後，花事闌珊的初夏，火紅的石榴花就會躍上枝頭，奪人眼目。花艷、果圓、多子的石榴，象徵著成熟、美好的豐產。如果有夢，就要努力被看見。

幽暗的山谷也會開滿小花

最美的盛開

這一路走來，除了堅定的信念，就是我那股不怕困境勇敢去闖的傻勁了。想擁有鯊魚，必須先營造海洋。

每個人都有夢想。

你有夢想嗎？多久沒有探望深藏在心底的夢想呢？

十幾歲時也許夢想趕快長大，有一顆好奇的野心想探索世界。

二十幾歲時出了社會開始想構築夢想時，才發現現實往往和夢想常常互相抗衡，勢不兩立。

等到三十幾歲自己的人生逐漸成形，你追著工作，追著金錢和薪水，追著世俗該有的人生模式，開始感嘆人生，這時候的你已經忘了夢想。

到了四十幾歲後，也許你有了婚姻和家庭，人生看似完整，但是你可曾好好靜下心來問問自己，當初的夢想在哪裡？

我在很小的時候就有兩個夢。

一個是當歌星，一個是當老師。現在回想起來，這兩個夢我都實現了。只是在追尋夢想的過程中，我也和你一樣跌跌撞撞，十七歲進入歌壇，二十歲談了轟轟烈烈的戀愛，三十歲開始大量投資自我學習和自我成長課程，四十歲開始受邀到國內外壽險公司、房地產仲介公司及科技公司、獅子會、扶輪社、各社團協會、公會等演講出書和授課，並陸續開辦「生命其實可以重來」以及「金錢心理學」等課程。

剛創業的時候，我每個月要來回跑全省八個縣市上課和演講，最遠到花蓮。即使只有兩個學生，即使遠在高雄，我也要信守承諾做課後服務。當時公司有五個員工，我們五個人開車南下，只爲了幫兩個學生上課。我記得那一次隔天還要到另一個城市上課，因此晚上還要訂三間房間住宿，因爲員工有男有女。當時我跟我的員工說：「做任何事不能只看眼前，現在雖然只有兩個學生，但我相信半年以後絕對不止如此。」

因爲我相信，只要按照自己的生命牌理，出我該出的牌，做我該做的事。生命是這樣，你只要夠用心，一定會有方法。想擁有鯊魚，必須先營造海洋。我的努力和踏實，一定有回報。果然不到一年，那原本只有兩個學生的教室，已坐了上百人。

現在，我的學生遍布國內外，這一路走來，除了堅定的信念，就是我那股不怕困境勇敢去做的傻勁了。

很多人卡在困境的時候，都會有做什麼都賺不到錢、時不我予的感慨，「一個月賺兩萬多塊錢怎麼活啊？」也是常會聽到的抱怨。

我要告訴你，這是絕對不能有的想法。

說起來，我是一個腳踏實地的人，我常常在想，如果我現在很有錢，我還是無法閒下來不做事，我的工作時常國內、國外東奔西跑，當有人對我說：「周老師，辛苦了。」我都會回報燦爛的笑容說：「不是辛苦，是幸福。」

我這個人很奇特，休息兩天，會覺得好棒，第三天開始就會渾身覺得怪，心裡就會開始想，我這樣是不是在浪費生命呢？

我也是一個非常不油條的人，同樣的事做一千次，我還是會跟第一次一樣認眞。除了不油條，我也是一個根性明白，定性極強，不容易受環境左右的人。

我常在想，如果我當初沒進演藝圈，我的生命歷程會和現在有什麼差別？現在想想，答案更清楚。我可以肯定的說，在演藝圈那些年，反倒讓我的生命更宏觀，因爲有很多表演的機緣可以讓我到世界各地遊走。因爲遇到太多的人事物，也讓我更柔軟、更廣博，讓我更清楚什麼事該做，什麼事不該做。

我用這樣的信念守護我最初的夢，一步一步堅定的走，細細的流水也會流成河，幽暗的山谷也會開滿小花。

最美的領悟 Comprehension

內心流動著滿足與感謝就是幸福。

終於被看見

最美的盛開

改變會在我們願意有所改變時發生，成長會在我們願意接受實相時發生。

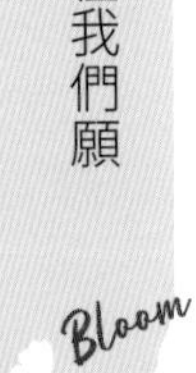

你的十七歲是個什麼樣的人呢？我的十七歲，很精彩。

從小到大，我是一個自我要求很嚴格的人。

我表演從不需要提詞機。

看到電視台準備的提詞機，我都會自我提醒，身爲歌手的專業到底在哪裡？唱自己的歌唯有全心投入，才能體現歌曲的情感，引發共鳴，因此不管別人如何，我要求自己不看提詞機。

我當年也會爲了工地秀，去做適合穿的禮服。因爲工地秀的舞台都是臨時搭建的，所以既不能太隆重，也不能太簡單。我沒有辦法讓自己在台上看起來比台下的人穿得還隨便，但當時很多歌星都是隨便穿穿就跑工地秀。因爲大家的心態都是，反正只是工地秀，隨便唱個兩首歌就有錢拿，何必那麼大費周章呢？

我可不這樣想，也做不到。

哪怕是我跑的工地秀舞台只是簡單的木板搭蓋，有時簡陋到站在台上還能從腳下的隙縫看到台下的泥巴地，我也是抱持著恭敬的心態面對我每一次的演出。

所以我常常發現，我只要一走出舞台，看著台下觀眾一圈，微笑敬個禮，就能得到觀眾熱烈的掌聲。當時的我也不是大牌歌星，但我相信台下的觀眾會從我的身上看到我對他們的重視，他們當然開心。

這樣的工作態度都是我十七歲高三下半年休學到日本發展學到的珍貴體驗。

十七歲那年，我已經在日本出了三張唱片，當時因爲中日沒有邦交，辦工作簽證非常困難，我回臺灣等新的工作簽證時，遲遲辦不出來，當時日本唱片公司已砸下宣傳成本幫我安排了許多通告，卻因爲我無法及時回到日本而白白放棄很多打歌的機會，就這樣錯過唱片宣傳期，十分可惜也無奈。後來又遇到我的大姐得了癌症，陪我到日本工作的媽媽一方面要擔心大姐的病況，一方面又要照顧我在日本的演藝工作，臺灣日本兩地跑，身心十分煎熬，種種因素讓我決定回臺灣把高三學業完成，媽媽覺得這樣也好，至少要拿到高中的畢業證書。就這樣，我結束了不到一年的日本歌星夢，回到臺灣重拾課本當學生。

雖然在日本的時間很短，卻是影響我一生很重要的一段時光。

我依稀記得我到日本的第六個月，連做夢的情節都已經是日文發音。

說來奇妙，曾經遇過一位會洞悉前世今生的大師，他說我的前世是日本皇族，不管是不是眞的，但在日本的那段時光，我覺得自己十分融入當地生活，那個年代在日本發展的鄧麗君和歐陽菲菲，都會有每逢佳節倍思親的感傷，我卻完全沒有，反而像隻快樂的小鳥，悠遊在異地樂不思蜀。

你相信嗎？我唯一想念的，只有臺灣的小吃。我還記得媽媽當時還把四神湯冷凍起來偷偷帶到日本讓我解饞，除此之外，我在日本可是過得如魚得水，快活得不得了！

現在想想，也許我跟日本有緣吧！因爲連我走在路上，人家都看不出我是外國人，知道後還說我比日本人更像日本人呢！

我的歌唱事業啟蒙，除了日本的一切，還有一位臺灣的音樂大師吳晉淮老師，他寫過很多膾炙人口的歌，是《暗淡的月》、《關仔嶺之戀》的作曲家，包括黃乙玲的《講什麼山盟海誓》和江蕙的《不想伊》、洪榮宏的《卡想嘛是伊一人》……都是他的作品。吳老師早期也是在日本深造，除了注重我的基本發聲，也要求我要學會看譜。我後來才知道，很多歌手是不會看譜的，需有人錄示範帶才跟著學唱。

小學四年級我的家人都在舅舅的歌廳工作，因此放學後的我常常直接到歌廳找媽媽，在後台總會跟著哼哼唱唱，沒想到大家覺得這小女孩唱得還不錯，當時有位歌手林秀珠，他是台語歌《三聲無奈》的主唱人，就介紹我跟吳晉淮老師練歌。

舅舅的舞台劇缺童星時就找我去客串一下，寒暑假乾脆就讓我戴個假髮打扮一下上台演唱。吳老師就是那時幫我打下歌唱基礎的啟蒙老師。我在日本時，日本的工作人員都很訝異我會看五線譜，連臺灣的樂隊老師也讚美過我，他們都很驚訝我的基本功很紮實，吳老師聽到就很開心，因爲我是他的得意門生。

吳老師對我一直有個遺憾，他一直很想寫個歌讓我唱紅起來，可是種種因緣際會沒有如願，所以黃乙玲是他最後一個入室弟子，他捧紅了黃乙玲，卻對我這個跟他最久的學生抱憾。我跟吳老師初學練歌時，他曾經開玩笑跟我說：「這樣好了，老師不跟你收學費，但你以後賺錢了一半分我。」我還認眞聽進去，傻傻地跑回家問我媽媽，這樣可以嗎？

吳老師對我影響至深，他和年紀比他小很多的師母膝下無子，雖然他現在已經不在了，冥誕也超過一百歲了，但我到現在每年除夕都還會去師母家陪她聊聊天，有空的時候也會和她一起用餐，師母也曾多次和我的公司一起出國旅遊。

另外一位影響我歌唱事業的貴人，是那個年代日本前三大唱片公司キングレコード（KING RECORD）的小澤部長。

那一年他來臺灣觀光，剛好看到我在電視節目參加歌唱比賽，當時的我有著兩顆小虎牙，他覺得我很可愛，唱歌也好聽，便向公司舉薦我，不過因爲我的年紀實在太小，他們公司擅長做老牌歌手，沒有做過這麼年輕的歌手，爲了說服公司，小澤部長還先邀請我到日本公司接受相關的測試和評估，才讓我有到日本出唱片的機會。

我到現在依然還很感謝他，如果沒有他的慧眼和堅持，我也不會有和鄧麗君、歐陽菲菲，以及香港藝人陳美齡同樣的機會，在日本發展，在臺灣被看見。

最美的領悟 Comprehension

「你在每個片刻嗎？」那是一種敬重與感謝，你將看見許多美好的教導。

日本的震撼課

最美的盛開

信念就像吹氣，當空氣吹進氣球裡，它就變得越大。

Bloom

唱歌其實和演戲很像。

很多人都說，會演戲的人一定有豐富的生命經歷，才能演出深刻的情感。唱歌也一樣，當一個人風霜走過，上山下海過，在低微的山谷困過，這些歷練也能讓歌聲更能令人動容。

這些年的生命體驗，讓我在五十九歲重返錄音室錄製專輯時幾度哽咽。生命雖然轉變，但我熱愛唱歌的心始終不變。我眞切希望能讓和我一樣仍然有夢的朋友起正向的鼓舞作用，只要願意，只要用對方法，幾歲開始追夢永遠不嫌遲。

我爲了這張專輯的錄製，做足了許多準備。

說起來很好笑，學生時代的體育課我永遠都要補考，學校只要有賽跑，我永遠都是全班最後一名。

但是爲了錄製這張專輯，拍攝新歌ＭＶ，我請了私人教練安排自己一週上三次健身課，拳擊、核心肌群、重量訓練樣樣來，這是我過去從來沒有做過的體驗。

我還到模特兒經紀公司「凱渥」請知名「秀導」王聖芬老師教我美姿美儀。

請羅志祥的編舞大目老師爲我的ＭＶ設計編排，並持續在他的舞蹈中心練舞。

我還跟大名鼎鼎的模仿演出高手目前也升格爲導演的許傑輝老師學「表演藝術」。

因爲很欣賞香港藝人杜麗莎老師在大陸「歌手」節目中的非凡表現，我還親飛香港，向她學習。

我也去跟很多知名藝人的歌唱教練陳秀珠老師，重新學發聲，因爲時代不同，唱歌的方法和技巧也不同。

幸好我是個熱愛學習的人，喜歡學習新鮮的事物，享受由陌生到熟悉，由不會到精通的成長，所以一點都不覺得苦，反而充滿期待，看見全新的自己。

說起我當初踏入歌壇的歷程也恍如一場夢。

現在回想起來，我凡事認眞負責的性格，也許是和我到日本出片受訓，工作態度深受日本人影響有關。

小學五年級我在舅舅的歌廳首度登台演舞台劇，也幾乎同時開始學唱歌，十七歲那年參加「台視新人獎」比賽得到第二名後正式出道。很幸運的，那一年也和日本 KING 唱片公司正式簽約出片，當時高三上學期念完的我就這樣辦了休學，到日本發展。和當年的鄧麗君、歐陽菲菲一樣，唱片公司是有計畫的培訓，而不是到夜總會表演。這種機會可遇不可求。

雖然我後來的外號叫「周大膽」，但當時的我其實是「周無膽」。

我記得剛到日本時，唱片公司來了將近二十個人接機，這樣的高規格可見他們對我的重視與謹慎。公司安排的第一堂課也很有意思，要我不能有任何人陪伴，必須一個人住飯店，只爲了訓練我獨立。其實我以前是個膽小柔弱、動作又慢的人，我當時和家人一起睡，半夜想上廁所都不敢起來，因爲房間牆上掛著的衣服，在黑暗中我都可以把它想像成鬼魅。

令我很震撼的是，日本人做任何事都要有非常完整和縝密的時間規劃，比方說半年後的行程要搭哪一班飛機或新幹線，甚至我的生理期他們也要紀錄，因爲在接廣告或電視節目通告時才能精準掌握我的生理狀況，避免不會影響演出效果。

我也被安排上語言課。日文很重視「敬語」，比方如果有人敲門，我們總會很口語的問：「誰啊？」在日本這樣是不行的，一定要說：「哪一位。」

從這些細微的地方，也養成了我日後對工作的戰戰兢兢和善於計畫。

更讓我震撼的是，有一次我到電視台上通告，在後台遇到了四十幾年前當紅的日本歌手山口百惠、澤田研二，我當時也穿著華麗的演唱服，一看就知道我也是來表演的新人。小小年紀的我正在猶豫要不要上前和前輩打招呼時，就那麼一秒鐘的瞬間，在場的幾位大牌藝人就主動開口和我打招呼了，一點架子都沒有。

這一幕讓我上了一堂很震撼的職場倫理課，哪怕人家那麼大牌紅透半邊天，也不會因爲我是名不見經傳的新人就不理不睬。

雖然是錄影節目，但現場所有的工作人員以直播的規格要求和檢視，一點都不允許ＮＧ。如果有了閃失，藝人都會一一的向其他演出者表示歉意，收工時也會特別向基層的工作人員說：「辛苦了！」

在日本演藝圈的這一課，我學會了敬業。因爲我在他們身上看到，尊重自己的工作是一件多麼重要的事。

所以我後來都把每一次的演出當作很重要的演出，每一次都全力以赴。

這樣的信念變成我的人生中，不可或缺的空氣。

最美的領悟 Comprehension

懂的「圓」的人，才是大人。

謝謝你愛過我

最美的盛開

愛就是允許別人做他自己。

我和很多人一樣，也在二十歲最美最青春的歲月裡，談了一場美好又刻骨銘心的戀愛，那是我的初戀。

這段戀情因爲家庭背景的懸殊，還有年齡的差距種種現實問題，幾年之後就黯然劃下句點。

出道以來，我一直是演藝圈中的乖乖牌，認識我的人都知道，我就像演藝圈的公務員，下了通告就回家，也不會有什麼交際應酬。

這一方面和我的個性律己甚嚴有關，另一方面和我的媽媽對我的管教特別嚴也有關。

從刻骨銘心的初戀之後，坦白說，我一直不敢談戀愛。因爲我很怕舊事重演，我又要夾在媽媽和男朋友之間左右爲難。

這幾年我對感情的態度一直都是保守的，我總覺得，除非我眞正的成熟並有智慧，否則我不想再輕易碰觸感情。

過去那麼多年來，也曾經有人幫我做媒，安排相親，也不乏對我示好的人，但不是沒有緣分就是不適合，再加上我是個慢熱的人，不可能見面一次就和人熱絡的談天說地，然後去喝喝咖啡、看看電影。這不是我的風格。

要我喜歡上一個人，我一定是從側面觀察很久，了解他的爲人和行事風格之後，我才能敞開心房。再加上原生家庭巨大的負擔，更讓我認爲自己沒有資格再談戀愛。

除此之外，我其實害怕自己一旦再錯愛就會崩潰，因爲我是個會自我清理情緒垃圾的人，家裡的一切紛亂我也從不向外求援。曾經很長的一段時光我最常做的事就是對鏡子說話，用這樣的方式來發洩積在內心深處的垃圾。

所以這些年來我不想愛，也不敢愛。

曾經我太過自信，自認爲上了很多成長課程，把自己的情緒排解得很好，沒想到前幾年有一次我上醫院，在等待的空檔隨手拿了醫院診斷憂鬱症的評估表格勾勾寫寫，測驗結果竟然顯示我是重度憂鬱的危險患者！

當時我晴天霹靂，心想我能吃能睡，身體也沒有什麼異常狀況，怎麼會有憂鬱症的傾向呢？

後來仔細想想，從小背負母親的期望與工作壓力，加上負債和波折最多的那幾年，其實我一直都是憂鬱症的高危險群。比方說我會重複去關水龍頭，或一再檢查廁所的開關，在心理學上這就是一種強迫症。那時候的我，其實壓力已經到了一個臨界點了，凡事自己吞忍不對外求援的個性，讓我的壓力無法也無處釋放，只好跟自己在內心玩玩開開關關的小遊戲排解。

那幾年的我，如果走路不小心碰撞，我就會馬上問自己叫什麼名字，今年幾歲，我住在哪裡？也幸好我總是都能答對，確認自己並沒有發瘋。回想起來，我還眞是上天保佑，夠堅強且有韌性，才能穿越那些災難和險境，好好活到現在。

我和媽媽的關係也一直是我今生很大的課題，她人生的際遇是我非常重要的老師。

我記得有一次我被媽媽破口大罵到很委屈，一股勁就往外衝，只想趕快逃離現場。當時我住在華夏的十一樓，當我往下衝到九樓時，竟然還能很清楚的聽到媽媽的叫罵聲。她罵我是可以罵到出現五字經那樣不堪的字眼，功力跟菜市場互相叫罵的大叔不相上下。

雖然當下我覺得很沒面子，因爲這棟大樓的人都知道我媽在罵「周思潔」，但，那一刻我突然告訴自己，這不就代表我媽媽的身體還很健康，肺活量還很好嗎？這個念頭一轉，我的心境就不一樣了。

於是我決定往回走回家，打開家門對著我媽媽說：「可不可以罵好聽一點！」而母親也很絕妙的回應我說：「罵好聽的我幹嘛要罵？」

那時我就已經知道，想要改變別人的態度，不如改變自己的想法。

我能體會媽媽會這樣，是因爲她從小是養女，吃的苦比較多，又遇上我那崇尚享樂、對家庭沒有責任感的父親，她的內心自然背負巨大的苦無處排解。再加上沒有其他孩子可以讓她眞正依靠，剛好我是最順從的那個孩子，她只好全部往我身上發洩。

多年來我顧家養家，還要塡補親人捅出的錢坑，從來都是無怨的付出，哪怕是在負債一億最艱苦的時候，給母親的養家費依然沒減少，我跟很多扛家計的演藝人員一樣是那種連最後一口麵包都要留給家人吃的人，這些所有的親友都看在眼裡。

所以我常常開玩笑的說，我在家族裡，必須是一棵大樹，好讓家人可以乘涼，供給他們的所需；我也必須是一塊可以任人踐踏的草坪，因爲當被無理的對待時，我也必須大度的承受。

這也是多年來我一直不敢談戀愛的主要原因。我當然知道愛有它的甜蜜，也令人嚮往，但是我過去有太多人生責任和牽絆，時候未到。

這幾年開始，媽媽大概覺得我的年紀實在是不小了，有時候竟然還會跟我說：「好啦好啦！趕快去嫁一嫁啦！」我總是會開玩笑的回我媽媽一句：「我又不是動物，怎麼可能隨便找個人配一配！」

現在，我覺得我準備好了。

我已經有足夠的能力，可以愛自己，也可以接納別人的愛。

我感謝初戀的男友，那苦澀又甜蜜的回憶裡也有許多的感恩，比如他栽培我學鋼琴、學插花、學瑜珈……也愛屋及烏的對我家人好。

此刻，我很想說的是：「謝謝你愛過我，我要重新接受愛。」

最美的領悟 Comprehension

在生命的順境、逆境、雜境中體悟人生，
因為這是一個你接受了它，它就會讓你成長的世界。

Q&A

當戀情不被看好，常常吵架鬧分手，該怎麼辦？

很多學生常常會問我感情的問題，問我到底該不該分手，我總是會回答：「既然想分那就分啊！」學生總是支支吾吾地回：「可是分手很難……」

在世俗上，這種情況通常有兩種解釋：

第一，明明知道彼此不適合常常吵架，還是分不開，那就表示，你被對方糟蹋得還不夠！當你有一天不想再被糟蹋下去了，自然就會離開這段感情。

第二，感情是自己的，問別人該不該分手，不如問問自己，如果真的還分不開，那就好好愛。

就是因爲知道對方不適合，總有一天會分開，所以在一起時，那就好好珍惜不要留下遺憾。因爲對方其實也是自己生命過程中重要的老師，能一起走過這一段，對彼此都是一種學習。

當情感發生問題時，就要好好檢視一下自己的內心，如果眞的不愛了，可以調整之後繼續走下去嗎？如果不能，就要誠實面對自己的內心，放了對方，也是救了自己。也許失去一個伴侶，卻多了一個朋友。

潔與*flower*

潔語：被我們壓抑的事物，反而會變得更為有力地控制我們。

雪滴花花語：勇往直前的力量。

沒有婚姻是祝福

最美的盛開

當你的能量場清理得更乾淨，對的人就會出現。

你曾經想過三十歲的自己是什麼模樣，過什麼樣的生活嗎？

很多人會問我，對婚姻難道沒有憧憬和期待嗎？在女人最珍貴的時光和最美麗的年華裡，結婚和擁有自己的家庭似乎是大部分女人的夢想，但對我來說，婚姻從來不是當時三十幾歲的我人生中必須的選項。

但我也從來沒有放棄過愛，我雖然隨遇而安，也不願意隨便和將就去愛，並不是我的眼光有多高，一定要對方條件多好，有多高有多帥，而是至少他要是個能讓我信服的人。

這些年來，我也一直在梳理自己的能量，因爲我相信，當我把自己的能量場清理得更乾淨，對的人就會出現。我必須要自己夠好，才能吸引到相同磁場的人靠近我。

有時候我也會笑自己，這世上和我一樣可以活得那麼單純和簡單，在清心寡慾的生活中也可以自己創造歡樂和幸福感的女人應該不算多。

或許是因爲自己總是正面思考，有著達觀的性格，再加上我總是不斷學習，冥冥中我總覺得自己是倍受祝福的人，才能讓我安然穿越波折，風雨無恙。

到這個年紀我雖然沒有走入婚姻也沒有孩子，但我從來不覺得是遺憾，反而覺得是一種祝福，因爲我前幾年所遭遇到的人生巨變，不是任何一個人都有能力承擔。朋友有時心疼我，也會勸我找個男人在一起或嫁一嫁，還可以幫忙分擔，我才不會那麼累，但我總是會笑著回應我的朋友，幸好我沒有另一半，不然這麼多負債和困境也會拖累他呀！

我也常常跟朋友開玩笑，像我這種個性的女人走入婚姻，應該會很「疼ㄤ」。就拿女生最愛男生接送這件事來說，我會捨不得讓老公或男友來接送。從以前當藝人時我就是獨立不依賴，不論是三更半夜離開電視台還是清晨一大早就要錄影趕通告，我都不會讓家人來接送，總是自己叫車，無論自己出門或回家。我總是想，半夜那麼冷，實在不想要家人鑽出溫暖的被窩來接我。

我向來就是個自己照顧自己的人。

所以到現在依然沒有對象，我反而覺得是一種恩典，因為我總認為，當一個人沒有完全準備好，對象就出現，大部分都不會有好的結果。

回想起來，其實這麼多年來，我都在做最好的準備，因為我希望自己能更成熟，更能穿越生命的所有功課。

即使現在還是一個人，我也從來不覺得自己孤單，世俗對女人的刻板印象在我身上也從來看不到。

也許是我的生活過得夠豐富，我有很多我愛的學生，他們也很愛我。教課這麼多年下來，我的學生已經有第二代、第三代，他們都非常喜歡我。有學生的孩子甚至會跟我的媽媽學生說，世界上她最愛的人是周老師，第二順位才是她的媽媽，而且不只一個孩子這樣說！

你看，這個世界我並不愁沒有孩子，學生的孩子也都是我的孩子。

你的想法在於你怎麼看這個世界。

誰說你家很小？

整個臺灣都是你家，陽明山是你的後花園，淡水河是你家門前的小溪，如果這樣看世界，你的家怎麼會很小？

如果不想待在家裡，換上漂亮的衣服到五星級的飯店大廳去坐一下，吹一下冷氣或看個雜誌，也沒有人會趕你。

相信我，換個視野，你的生活絕對會大不同！

最美的領悟 Comprehension

沒有期待，就不會有傷害。

擁抱「小確幸」累積「再起」的能量。

Q&A

紅塵中男女的情愛，也算是一種正能量嗎？

面對世俗很多的情愛，我覺得，不管是男人、女人，很多人靠私底下比較特殊的激情去產生動能，想藉此激發更好的創作或熱情。這種情感乍看是一種正能量，事實不然。

其實情愛仔細分析起來有三個階段，第一個階段，當彼此有好感所產生的情誼，這是所謂的「感情」；第二個階段，當感情凝聚到一個爆發點，就會變成「愛情」；第三個階段，不管如何轟轟烈烈的愛情，最後一定會變成「溫情」。

很多人常感慨：「在一起久了愛情好像變質了，對方沒有從前那麼愛我了。」我必須告訴你，這是正常的人性反應，不是不愛，是情感已經走到第三階段的溫情。我們常聽人說，婚姻需要好好經營，其實就是要好好經營溫情。

但是有些人卻會誤會情愛，認爲私底下的偷情或常換伴侶，可以重獲被愛的感覺。我在這裡要提醒你的是，一般人以爲的激情，在我看來往往只是「發情」。這種發情是很動物性、很不負責任又自私的，這樣的愛只能享有片刻歡愉。所以，當這份激情過後，只會讓你陷入更大的「空」，這對生命來說，就是負能量，尤其是婚外情或劈腿。

這就好比家裡有世界名畫或名牌包都是偷來的，雖然乍看光鮮亮麗、富麗堂皇，但你自己心裡明白這些都是從不正當的管道得來的，宇宙的能量也知道這些是假的，所以你無法眞正享受擁有的快樂。這會導致兩個結果：

第一，沒被抓包。但是你自身的能量已經知道這是不正當的，雖然擁有，卻沒辦法真正滿足和快樂。

第二，被抓包。你因為偷竊必須接受法律的制裁吃牢飯。

這種情愛對人生只會帶來負能量，不是眞正的快樂和擁有。

這就是爲什麼歡場中的女人情路往往比較坎坷，因爲起心動念不對，當然就不會有好結果。男人會到特定的場所尋歡，通常只爲了一時的激情和逢場作戲，不會動了眞感情。心存不正的意念，哪怕是家財萬貫、才華滿溢都沒用，所以宇宙之間的起心動念是很重要的，如果起心動念不對，即使你遇到的是豪門世家或絕世美女，都不會有好結果。

沒有境界就是最好的境界

最美的盛開

活著，就是最好的禮物。只要活著，順與不順就會同時存在，因此學會「穿越」是人生重要的課題。

Bloom

說起來，我是一個很會苦中作樂的人。

我常常「身在苦中不知苦」，這是我自認爲異於常人的生命特質。

當我遇到困難，我不會怨天尤人坐困愁城，相反的，我會努力找出這個事件到底要教會我什麼？而不是讓自己陷入焦慮。

有一次，我去上一位德國老師的課，參加那堂課的學員很多人和我一樣，都具有講師資格。那一天老師讓每一個學員拿著麥克風跟大家分享來上這堂課的目的，我看每個人都講得頭頭是道，自己卻腦海一片空白，不知道該講什麼。當下我有點被自己嚇到，我向來不是口拙的人，卻怎麼想都想不出這三天課程，我到底爲何而來。

當麥克風傳到我手上時，我決定誠實的告訴老師，我沒有抱持任何想法和目的來上課，我只是想來享受上課的過程。

沒有想到那位德國老師笑了，輕輕地跟大家說：「你這樣是最好的，沒有境界反而是最好的境界。」

我想老師的意思是，我的生命已經來到了一個什麼都好的「無求」境界了，很好固然好，但更好的境界是超越一切好壞對錯。

人生不如意十之八九，難免不順心，但我心中已經無所畏懼，因爲我知道無論發生什麼事，世界如何變化，只要我活著，就是最大的禮物，沒有什麼好擔心的事。

我常感慨現在的人很缺乏這份安定心，有些人也許很會講，但是並沒有眞正的活出安定的心，而我期望自己成爲不高談闊論，卻努力「眞做」的人。

「眞做」也是我常常提醒學生的事。要把正確的觀念，眞正付諸行動，否則都只是空談，現今的社會有不少「說起來驚死人，做起來笑死人」的事。

因爲「眞做」，我每天都可以很喜悅，踏實而開心地活著，也不想給自己任何設限，隨心所欲、隨遇而安是我目前的生活寫照。

我也相信我一定會好命的，雖然看在外人眼裡我很辛苦，我卻覺得自己很幸福。

偶爾身體不舒服的時候我會告訴自己，要光臨現在，因爲這個機會不會常有，你才會感恩這些身體的病痛和有重症病痛的人比起來，也不過是微乎其微的小病小痛而已。

這樣的想法也可以讓自己富有，因爲健康就是財富，還有什麼好計較的呢？

很多人會問我，從前剛入行時，難道沒有因爲要爭取機會或賺紅包，受到演藝圈「潛規則」的影響，要吃飯應酬及喝酒嗎？

在演藝圈二十多年，我眞的無需吃應酬飯，也沒沾染到抽煙、喝酒的習性，所有的演出機會，都是大家知道我可以把自己打點得很好，看到我敬業的工作態度而得來的。

我可以拍胸脯大聲的說，這二十幾年來所有賺錢的機會，幾乎都是對方主動來找我，這一點在演藝圈是很難得的。

比方說我可以爲了一檔秀花大錢特別訂製秀服，連電視都報導過我是會不計成本投資在戲服和秀服上的藝人。

我發現我的價値觀和別人不大一樣。

當年和我同台表演的藝人葉璦菱看到我花那麼多錢做禮服都會告誡我：「周思潔，我不會像妳這樣，我會先算我這檔賺多少錢，然後只拿一成左右的預算出來訂做禮服。」

我卻沒有這樣想，我想的是我這次的秀有沒有創新的觀念和好玩的點子，我重視的是表演的橋段夠不夠新，沒有想過要去設限預算。所以爲了演出效果，我曾把五彩繽紛的汽球穿吊在秀服上，那得在後台準備灌氣的專業氫氣桶；也曾設計過把大大的桌面穿在我身上，還得邊唱歌，邊變魔術。爲了這套禮服，計程車裝不下，飛機上不了，都得用特殊交通工具才能運送至全省秀場。

我還曾把四、五十隻扇子穿上身，色彩奪目又金碧輝煌，連設計師都讚嘆說，她看過爲了美麗而願花大錢置裝的藝人，但像我這般不但花錢，還不怕麻煩的藝人，眞是難得一見。

看起來我很傻，因爲這樣的表演成本太高。但是，我總是想，全省巡迴一趟大家都看得到，以演藝圈的規則，巡迴第二次就要換全新的節目，但是因爲我的秀服總是特別新穎有創意，有時遇到邀約的藝人沒空或臨時有藝人取消演出的突發狀況，老闆就會找我再來唱一檔，而且都不用換新節目，因為他們覺得我的表演和敬業很值得。這樣一來，我不只又賺到錢，還賺到敬業、物超所值的好名聲，不是更有意義嗎？

我對工作的敬業連當年紅透半邊天的電視節目主持人張菲，在秀場看過我的秀之後，主動來找我上他的《春嬌與志明》歌唱單元。當年要上這個單元宣傳或打歌可是藝人們搶破頭，甚至要塞紅包才能爭取到，我卻是主持人主動來邀請我上，可見我的工作態度是被看見的。

不只唱歌秀服請有名的設計師訂做，就連演戲我也不甘只穿電視台服裝組既有的衣服。

記得我演過一檔連續劇《大家有緣》，在劇裡飾演一個有錢人家的姨太太，為了要如實呈現五十年代的臺灣風情，我自己花時間去找幾十年前的服裝目錄，自己去迪化街剪布做了幾十套戲服，就連鞋子、皮包和手帕，我都是自掏腰包自己搭配成套，從不假劇組的手，只爲了要更貼切演出那個在劇裡花枝招展的姨太太。

我對工作的用心就這樣被很多製作人看見，他們喜歡找我合作，因爲他們可以很放心，知道我一定會把自己打理妥當，是一位CP值超高的藝人。

表面上我好像花了很多錢，但正因爲這樣我反而多了很多演出的邀約，不論是晚會或演戲，賺的錢反而更多。這一點我很幸運，也許我思考的角度和一般人不一樣，甚至看在別人眼裡很傻，再加上我又不應酬，在演藝圈根本沒什麼賺頭，但長遠來看，如果我沒有拿出相當的用心讓別人看見，也許連機會都沒有。

以前在舅舅的歌廳後台，什麼亂象都有，混亂的男女關係、沒口德的談吐，進了演藝圈後，大家喜歡抽煙、喝酒、打牌及喝咖啡談是非，我一樣也沒學會。

所以現在回想起來，如果問我演藝圈對我人生的影響，我能很肯定地說，演藝圈反而讓我變得更好，可以讓我到世界各地表演，看到更寬廣遼闊的世界，這些在我的人生裡反而是加分的。

人們往往以自己的極限，當作是世界的極限，我對工作和人生從不設極限，所以我總能看見不一樣的世界，也越來越能明白當時那位德國老師說的，「沒有境界就是最好的境界」那句話的眞義。

最美的領悟 Comprehension

很少人知道，唯有花出好的金錢流，才能吸引更多幸福、圓滿的金錢流。

潔與flower

潔語：真正的自由並非來自於對他人說「不」，而是來自於對自己說「是」。

鳶尾花花語：好消息。幸福的使者。

潔與*flower*

潔語：當我們無法讚美生命時，正是幸福逐漸遠去的跡象。

鬱金香花語：榮譽的皇冠。勝利和美好的象徵。

chapter 3
華麗的轉身

人生走到這個階段，
我不想再勉強自己委屈自己，
我只要吸引懂得欣賞我的人就好，
不必再去迎合所有的人。
過去的磨難和挫折都是淬煉我的養分，
豐富我的生命，
讓我用眞實的人生感受再度站上舞台。

大理花：大方、富麗、感激、新鮮、新穎、新意！

大理花盛開時，花姿豐盈，端莊高雅；花謝時骨架片片分明，花型依舊。人生就像大理花，福慧具足時，就像盛開的大理花，因緣不具時，花瓣雖然凋落，但花型依然挺立，不失原來豔麗本色。人生風浪難免，希望所有的女人都能像大理花，在艱難的處境中可以優雅轉身，美麗的身影依然。

傻傻是一種厚道，慢慢是一種紓壓

最美的盛開

這個世界不是只有黑和白，總有個灰色地帶大家可以彼此妥協，我們都要學習在人生中保持彈性。

Bloom

隨著歲月和智慧的增長，也許以前真的傻裡傻氣，但現在的我有時是裝傻，這股傻勁的背後其實是厚道，說是大智若愚也可以。

我當然也知道怎麼包裝自己，怎麼製造偶像，但我喜歡別人和我相處是沒有壓力的，所以在我的教學生涯裡，我從來不造神，不期待學生把我捧得高高在上。

我的助理常常跟我說：「我們去上別人的課，人家助理站在老師旁邊，要搭電梯時，是助理要跟進電梯的學生喊著等一下，一定要讓老師先進去。但妳卻跟人家相反，反而當學生的電梯小姐！」

是啊！我是跟學生一起等電梯，然後按住開門鍵，讓學生先進去後，我最後才進去的那種老師。我就是沒辦法違心，我不是不懂，也不是不會，在演藝圈多年怎麼造神，我怎麼會不懂。我就是不想，我喜歡自在的感覺，喜歡自在的人生。

人生走到這個階段，我不想再勉強自己、委屈自己，我只要吸引懂得欣賞我的人就好，不必再去迎合所有的人。

長久以來，我也跟學生坦白過，我一直有個很會「東摸西摸」的缺點，幾十年來怎麼樣都改不掉，連醫學都很難解釋。

比方說，今天的行程是兩點要到某個地方，明明就算好時間一定可以提早到或準時到，卻總是會有突發的事情讓我去拖延到時間，而且很奇怪，不管我提早幾小時做準備，都還是會摸到最後一刻，再來趕！趕！趕！

我常爲此苦惱，無法原諒自己，也常跟學生坦承這是我唯一改不過的缺點。

有一次我終於忍不住去問我的老師。

「我明明知道這樣很不對，但就是很難改。我也提早一個鐘頭做準備，爲什麼到最後一刻還是來不及，還是要這麼趕？」

沒想到我的老師大笑回答我：「沒關係啦！不要那麼追求完美，妳也不過這一點不完美而已，有什麼關係。」

後來我慢慢的摸索出答案，因爲我一直是活在一個完全不能出錯、要對人有交代、再怎麼辛苦都要自己承擔的人生裡。原來這就是我對壓力展現的方式，出門前東摸西摸、七拖八延的慢動作，其實就是我壓力鍋上的壓力閥，藉由這個壓力閥才能釋放鍋內巨大的壓力不會爆炸。

找出答案後我和學生分享，每個人在面對壓力的反射，會展現在五個層面。

第一層是最輕微的，開始找些癮頭讓自己上癮，比如抽菸、酗酒、釣魚、打牌、打電動或有人狂購物、狂嗑美食，透過這些癮頭來紓解壓力。如果被禁止這些行爲，就會產生憂鬱的情緒。

這時候壓力就會進入第二個層面「陷入憂鬱」。如果又被世俗禁止憂鬱，也不可以躁鬱，而因爲被要求、被規範卻達不到時，就會進入到第三個層面「自殘」。當無計可施不知道自己該怎麼辦，壓力無處可去，只好傷害自己。

這時候如果又被禁止不能傷害自己，因爲身體髮膚受之父母不可毀傷，最後眞的忍無可忍，再也憋不住，就會走向第四個層面「自殺」。

這四個層面到最後都無法被排解，就會走到第五個層面「發瘋」。因爲壓力累積太久，已經在內在引爆無法收拾，只好讓自己走到另一個可以找到平衡的地方。

所以，如果在路上遇到很愛罵人的瘋子，也許在他現實的人生常常被罵，因爲受不了，只好去到另一個世界罵別人，用這樣的方式來平衡，爲自己找出口；如果在街口看到一個抱著破布娃娃哭喊的瘋婆子，也許在現實的人生中她可能失去了孩子，承受不了失去孩子的巨大悲傷，只好去到另一個世界假想還擁有孩子，用這樣的方式來平衡滿足。於是我會問我的學生，面對愛打電動的孩子，你該怎麼做？寧可讓他繼續打電動，還是禁止他，讓他得憂鬱症呢？

要知道，孩子也是在遊戲裡讓自己紓壓。這個世界不是只有黑和白，總有個灰色地帶大家可以彼此妥協，我們都要學習在人生中保持彈性。

我因爲從前是個藝人，現在是老師的身分，又想當媽媽的好女兒，既要照顧好公司的營運，對員工和對曾經歷的大考驗都要有所交代，對學生更要有完整的規劃與自我精進……長久以來背負了太多責任和包袱，沒有地方紓解和放鬆，仔細想想我在出門前總是東摸西摸，這樣的方式也許就是給壓力一個出口。

我曾經氣自己氣到很想在家裝上監視器，看看自己到底都在摸些什麼。因爲我總認爲自己一刻不得閒，晚上從回到家到上床睡覺，我竟然至少得花四個鐘頭，這中間我每一刻都在做事，並沒有停下來休息。

幸好我雖然很會摸，多年來卻也不曾因爲這樣而耽誤到正事，分寸我依然拿捏得還勉強可以，身體的細胞還是會催促我不能太離譜、不能誤大事。

我在「慢慢」的過程裡紓壓，雖然會有小遲到，但既不至於傷害別人也不殘害自己，所以也就不敢太責罰自己了。不過我還是一直提醒自己，能改則改……。

你呢？你用什麼方式紓壓呢？

最美的領悟 Comprehension

有一種傻是厚道是包容，是愛的品質。

不是傻傻分不清，可以任人踐踏與欺騙。

潔與flower

潔語：幸福來自於獨處時，依然能夠有快樂的能力。

山茶花花語：含蓄的愛。魅力。高潔的理性。

還債也還得傻

最美的盛開

我堅信，當我給出美好的能量，相對的，對方也會給出我想要的價值。我總是這樣對待這個世界。

Bloom

我常常想，過去我上了很多課，也學了很多大師級的思想和觀念，卻始終無法和生活有所連結。

一直到「失敗」這個老師出現，才真正教會我「人生出現重大災難後，才真正啟發我」。

想一想，從前沒有負債時，自己反而過得辛苦，負債之後，反而活得更清明，覺得做任何事都要問心無愧。

就連負債近億的那段日子，我拿出誠意還債，還債還到連律師和稅捐處的稅務人員都說我傻。因爲他們知道我的負債是因爲我近三百坪的公司，在東科的火災燒到一無所有，還有遇到詐騙所引起，不是惡性欠款。

「周小姐，女人的青春有限，我們也知道這些負債都不是妳花掉的，要不要就讓公司宣布倒閉，以後再另外開一家公司就好了，何必還得那麼辛苦。」一位德高望重的企業界老闆朋友曾私下這樣跟我說。

「周小姐，我現在是利用下班時間，用我個人的立場偷偷跟妳講，這些錢妳眞的要還嗎？那太辛苦了，其實我們都知道妳的苦衷，妳不用那麼努力還。」一位可愛的稅捐處小姐等到下班鐘響，才忍不住偷偷跟我說。

我仍然選擇問心無愧，盡最大努力與誠意還。

爲了理清債務我還去學過法律，這些基本的道理我當然都知道，但是我捨棄一條最快的路，選擇了看在別人眼裡很傻的路——還債。我總是想，能還多少算多少，因爲我要問心無愧。

我發現，我生命中每一件傻事的發生，都是上天安排要送我的禮物，只是這個禮物沒有經過包裝，剛開始看起來醜醜的，一般人通常會拒絕和逃避，但我選擇接受，面對事實努力還債。因爲錢雖然不是我花的，但這個厄運會找上我，應該有其意義。後來我發現，要不是我這麼努力還債，根本看不到原來自己有這麼多潛力。

其實一開始面對數字巨大的債務時，我的內心是喃喃唸著還不起的聲音，因爲金額太大，將近一億的債務，其中還包括幫家人作保的金額，沒想到憑著自己的一股傻勁，努力了好幾年，很快就發現，我是還得起的。所以我總是跟我的學生說，當你想要解決，宇宙就會給你很多方法；當你想要逃避，宇宙也會給你很多方法。

你呢？面對問題你要選擇哪一種？

我選擇看起來很傻的方法，但事實證明我是對的，這麼多年來往回看我的生命歷程，我常常發現我所做的事和我的價值觀，都是清清楚楚、明明白白。

在外面隨手抽的一張衛生紙或面紙，我一定一用再用，甚至別人倒給我的白開水，如果沒喝完我一定倒到自己隨身攜帶的水瓶帶走。這點家人或朋友常常笑我「省小錢花大錢」，但在我看來，一張擦手紙或一滴水都是在貢獻它的價值，我要讓它發揮所有的一切，不讓它有一絲一毫的浪費。

以前我在中視拍八點檔《今夜做夢也會笑》時，下戲空擋，大家一起到電視台的自助式餐廳吃飯，坐在我旁邊的徐進良導演，看我把自己餐盤的食物吃得精光，一點飯粒都不剩時，當下露出驚訝的表情對我說：「周思潔，妳很惜福喔！」

這就是我，從小到大也沒有人教我，就連我的家人也沒有一個跟我一樣。

不了解的人會以爲我很節省，其實我的價值觀就是：尊重每一樣物品，並把它運用到極致。因爲對我來說，這世上的每一樣物品都是活的，我尊重它的存在，盡善利用它。但是，該慰勞自己，或該給別人賺錢的時候，我也很捨得花。

買東西時我也幾乎不會殺價，頂多遇到因公司團體開會需要住宿時，難免要與飯店議價。甚至有時候我還會問自己，有沒有讓人家賺得很輕鬆，或賺到該有的利潤。

我堅信，當我給出美好的能量，相對的，對方也會給出我想要的價值。

我總是這樣對待這個世界。

最美的領悟 Comprehension

花錢的最高境界，將讓我們「賺到錢」、「賺到人」、「賺到經驗」。

Q&A

周老師對於金錢管理很有自己的想法。請老師談談如何以錢滾錢，用錢賺錢？

很少人知道，金錢是很有靈性和正義感的，因爲金錢只喜歡留在以正當手法獲取利潤的人手裡。只要你賺的錢是以自己好爲出發點，沒有顧慮別人的死活，這些錢都只會是過路財神，很快就成爲過往雲煙。而且金錢的使命是流通，並非只是一昧的賺錢卻不花錢，因爲金錢的特質就是流通，這就是爲何不能賺沒有德性的錢、不能成爲守財奴的原因。

「金錢從哪裡來，勢必就從哪裡失去（easy come,easy go）。」

其實財神爺不喜歡人們「以錢賺錢」來操作金錢，這種賺錢的方式通常不會有好的循環。比如很多人瘋集資，標榜高紅利其實很多都是騙局，血本無歸；或者有人不事生產，只想靠操作股票或基金賺錢，卻沒有附加的正向循環，這種獲利也不會長遠。因為我們在讓錢滾錢的過程裡，必須加惠到很多方，甚至對社會有回饋和貢獻，而非只憑自己的意念，覺得工作賺錢太累，只好想要用錢來賺錢。

如果眞想要從事以錢滾錢的投資，本身對金錢的用度一定要有正確的概念。有些人花自己的錢很省，花別人的錢卻很揮霍，抱持「反正是公司的錢又不是我的錢」，這種沒有站在公司立場設想的心態，都是很不對的起心動念。

眞正會以錢滾錢的人除了要有正確的理財觀，也要靠頭腦和運氣。一個人的運氣關係著自己的生命里程，人生若不先理順，就不可能理順自己的財運致富。

把自己變容器

最美的盛開

「內容」，是波瀾起伏的浪花；「容器」，是靜默有力的洋流。

日常中看起來微不足道的事，如果轉念用心對待，也會有大大的幸福感。

有一次，我在趕課奔波的車程中，看到一隻小麻雀躺在巷道間動都不動，我立刻請助理停車，我們兩個下車查看，擔心牠可能哪裡受傷，決定把小麻雀送到醫院。獸醫檢查後發現是營養不良，讓原本擔心麻雀骨折的我放下一顆心。

於是，獸醫給牠打支營養針，餵牠吃一些飼料，再和助理開車把牠送回原來的地方，深怕牠的爸爸媽媽找不到牠！

雖然花了一些時間和金錢，當時的我也正處於積極還債的生活險境，我還是甘之如飴。

我也曾在炎熱的夏天裡，看到路邊被拴在門口的小狗曝晒在陽光下，心裡萬分牽掛，因爲我知道小狗不能長時間曝晒，會因爲脫水而有生命危險。

我擔心主人的疏忽讓狗狗中暑，於是我決定下車，敲門問問，請主人餵牠喝點水。結果住戶沒人應門，我還按了隔壁住戶門鈴，請他拿點水餵狗狗喝，並麻煩他轉告飼主，狗不能長時間曝晒，我才放下心去趕赴演講。

隔天出門，我還自備了水和食物，請助理帶我專程繞過去看看那隻小狗的狀況。沒想到狗狗還是拴在門口，我當下決定寫一張紙條貼在飼主門口，希望他看到紙條可以多關心自己養的狗。

通常像我這樣對愛和金錢匱乏的人反差總是很大，有些人會變得自私，凡事只想到自己，但我發現，當我面對有些需被幫助的人事物時，反而很樂意伸出溫情的手。這是我對自己很滿意的一點。

這些年來，我常提醒自己要成爲容器，也常跟學生們分享，在人生學堂裡，我們都太注重內容，總是教別人該怎麼做，卻忘了該怎麼做個有容乃大的容器。太著重內容反而讓我們常常去評斷誰是誰非、對別人說教。當自己變成容器，心境自然會轉成逆來順受，風來接風，雨來就接雨。

這是我很喜歡自己的一點，縱然生活中仍然會有讓我憤怒的事，但都可以用不同的角度重重的提起，輕輕的放下，讓自己的容器越來越大，可以盛裝更多。

只要你願意開啟自我的容器開關，生活中其實處處都有不用繳學費的老師。

每個人都可以擁有這麼大的財富，應該要感到滿足才是。

我的人生到目前爲止，很多人光看表面，都會笑我很傻。就拿我這次復出出唱片來說，我知道大家都投以懷疑的眼光，認爲我的頭腦是不是壞了？景氣和環境這麼差，竟然還有人敢花大錢做唱片。

我卻不這麼想。在製作專輯過程中，我彷彿海綿般的重新吸收最潮的歌唱技巧和最吸睛的舞步，集所有頂尖歌手該具備的素養，這些都是我賺到的財富。

我的心量容器又因爲出唱片變得更大了。

讓我再跟你分享一個故事。

有一次我從汐止家中叫了一部計程車匆忙出門。因爲一出差就是兩三天，所以我除了公事包，還帶了不少的行李。

這幾樣東西已經塞滿我的雙手，腳上又踩著高跟鞋，快下車時才發現天空下起了不小的雨。

我趕快交代司機讓我在臺北火車站的西站下車，因爲只有西站的下車地點有騎樓，而且離高鐵的售票口最近。我心想這樣即使我不撐傘也不太會淋到雨，也不用走太遠的路。

偏偏那天我遇到一個天兵司機，已經跟他說怎麼走到西站了，他卻把我載到北站，大家應該知道，從北站到西站有一段距離，又是單行道，如果要他再繞一圈得繞很久。爲了趕時間，我只好滿肚子氣提一大堆行李，踩著我的三吋高跟鞋下車，一路吹風淋雨到火車站內。

你可以想像那個畫面有多狼狽。頭髮亂了、妝也花了、衣服也淋濕了，我嘲笑自己彷佛是瘋女十八年，更何況手上還有一大堆東西。

好不容易買了票到月台等車，進到車廂內之後，我總算鬆了一口氣。

坐在車上的我原本應該又生氣又惱怒的，但這些負面情緒我沒有讓它發生，在坐下來的一瞬間反而立刻轉念，覺得一切安然就好，這樣一想，反倒開心。

等到高鐵的餐車一推出來，我花了一百六十元，爲自己買了一個飯盒，一杯熱咖啡，還挑了一塊小蛋糕，就讓自己湧現滿足的幸福感。接著我細細品嚐飯粒細嚼慢嚥後的甘甜，及熱咖啡流經喉嚨那溫暖的感覺。飯後搭配甜點，並沿途欣賞窗外快速閃過的風景，我吃著吃著，竟然就流下了感心的淚水。終於左營到了，而飯盒也恰好吃完了。

那一天雖然車窗外下著大雨，但我的內心卻十足的美好與快樂。

最美的領悟 Comprehension

生命之美在於每一天的生命變化裡，在於生命與生命的相遇裡，在於為生命努力的當下裡。

Q&A

老師向來待人隨和，人際間如果遇到趾高氣昂的人該如何應對？

我個人認爲，當我們對別人體貼，我們的起心動念就是善，哪怕對方沒有善意的回應，其他的人都看在眼裡。俗話說：「要留給別人探聽」，就是這個道理。別人對自己讚美的能量，哪怕自己不知道，在宇宙之間這樣的正能量，一定會回到你身上爲你加分。

相反的，如果你是一個有錢有勢，做事霸道跋扈的人，別人在你面前總是忍氣吞聲，卑躬屈膝，表面上對方不敢說話，但在背後的怨和怒，這樣的負能量總有一天會反撲，對你的人生只有減分。

以前有個寓言故事，一個行事風格強硬的有錢員外得了重病，被診斷活不過半年，他想想，自己的萬貫家產死了以後也帶不走，悔悟之下便把自己的家財拿去布施，救濟窮苦的人。沒想到半年後他還是活得好好的，沒有被重病擊倒。

雖然這是個寓言故事，但在現實生活裡卻有可能發生。因爲他重新調整了自己的能量，被他幫助過的人心懷感謝產生的正能量，終於回饋到他自己的身上。所以，趾高氣昂、做事跋扈的人，不要因爲別人表面的服從和配合而沾沾自喜，到最後眞正吃虧的往往是自己。

心存厚道，對人寬厚，永遠是我處理人際關係的重要原則。

Before 和 After

最美的盛開

三十年前的我唱歌，是為了生活；三十年後的我唱歌，是為了活出自我。我知道現在站在舞台上的我已經不一樣了。

如果你問我，現在的我和以前的我最大的不同，我一定會篤定地回答你，我不想再委屈自己過生活。

這麼多年來，我必須感謝我的身心靈，如此支持它的主人，陪著我一起受苦。遭受這麼多變故，卻依然能讓我保持健康和正向。

最近有個學生，因爲知道我要再度出唱片，傳了一篇哪些明星熬了幾年才走紅的報導給我，其中引述了黃渤的一句話，相當打動我。他說：「人生沒有什麼好害怕的，最大的悲哀莫過於大器晚成罷了！」

黃渤演了很多年的戲，到五十歲才眞正嚐到走紅的滋味，還有其他幾位明星我就不多說，但他們熬出頭的年紀都在五十歲以前，那就叫大器晚成，我看看自己，都已經快六十歲了，已經不是大器晚成可以形容。

這次製作這張唱片，我幾乎是用自己的生命歷程在唱歌，已經不單單是唱出動人的歌曲而已，我更希望能激勵很多人，不要被年齡自我設限，只要用心經營，人人都可活得精彩引人注目。

這也是我願意在唱片圈不景氣的氛圍下，還逆勢操作，全力以赴的原因，因爲我知道這一切都值得，我想要讓大家耳目一新，我想要繼續發光發熱，完成未完成的夢。

法國有一位六十四歲的超模羅西（Rossi），就令世人驚豔。已經有兩個孫子的羅西，和香港凍齡女神趙雅芝同齡，卻從未停止對生活的熱愛和夢想的堅持。

三十歲之前的她是個平凡的家庭主婦，辛苦扶養兩個孩子長大。在她三十歲那年，她做了個大膽的決定，堅持自己那個從未抹滅的美麗夢想，要做個時裝模特兒。所以她努力規劃飲食和大量運動，瑜伽和有氧交替進行，讓產後發胖到七十公斤的自己瘦下來。之後成功減肥下來的她，養成了每天固定練瑜伽的好習慣，身材也一直保持到現在。

很多人問羅西奶奶保養祕訣，她說別無他法，就是從未間斷過自己的夢想，每天堅持健康的飲食和固定的運動。

於是，她練出了緊緻的手臂，線條完美的後背和翹臀，讓全世界瞠目結舌。

六十歲那年，羅西以姣好如少女般的身材代言了泳裝，大膽展示自己的美麗。

她的身材比二十歲的女生還要好，這種「無齡感」的美麗震撼了整個時尚圈。

羅西奶奶證明了沒有憑空而來的美麗，只有持之以恆的努力。歲月雖然帶走了羅西的青春，卻帶不走她的美！

她的故事激勵了很多女人，在夢想和美麗的路上，年齡從來不是問題，最重要的是一顆堅持的心。

你看，這個世界總是會偷偷獎勵如此自律的人。

我欣賞羅西的美，因爲我也和她一樣，從未抹滅心中的夢想，從未放棄自己的堅持。

我的自律和堅持，讓我在五十九歲這一年，出了這張專輯《傻傻的花》，我相信這是世界給我的回報。

過去的磨難和挫折都是淬煉我的養分，豐富我的生命，讓我用眞實的人生感受再度站上舞台。

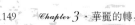

三十年前的我唱歌，是爲了生活；三十年後的我唱歌，是爲了活出自我。我知道現在站在舞台上的我已經不一樣了，Before和After的周思潔有強烈的不同。

我期待，一個巨星的誕生。

最美的領悟 Comprehension

留得一片空間在，好讓生命有餘地再展開。

傻花有傻福

最美的盛開

命運常在不堪之下，閃爍著新的火花。

Bloom

從前在演藝圈作秀的那段日子，我從來沒有拿過「芭樂票」。所謂「芭樂票」，就是銀行跳票拿不到錢的意思。回想起來也是傻人有傻福的印證。

早期當藝人的我，沒有經紀人，也沒有助理，那時媽媽也還沒跟著我，所以我到哪裡表演或作秀都沒有人陪，「周大膽」的名號就是這樣來的。

你相信嗎？我曾經在秀場感動過黑社會好幾次。

當年很多做秀的檔期都是道上兄弟包下，所以很多道上兄弟都知道我獨來獨往，一直想要找機會找我麻煩。與其說找我麻煩，不如說是捉弄我。

當時歌廳秀場景氣好，我常在趕場間要找空檔趕快吃飯。有一次我趕時間趕到觀眾幾乎都進場了，我看四下無人，邊走路邊拿出麵包來吃，結果，一位道上兄弟遠遠看到我便開口大罵：「女孩子邊走邊吃，像什麼話！」

有些豪邁的女藝人也許就會回嗆：「老娘吃麵包干你屁事！」

我猜那位道上兄弟就是想激我和他鬥鬥氣，耍耍嘴皮子，沒想到我的回應卻是：「對齁！這樣不好看，眞是不好意思。」說完，我就把麵包收起來，也沒做多想。

過了一個禮拜後，我去領那場秀的酬勞時，幾位道上兄弟看到我便操著滿口的臺灣國語笑著說：「周思潔，妳實在有夠忠厚老實，我們想要捉弄妳都沒辦法。看妳對我們那麼客氣，反而讓我們揪拍謝！」

沒想到因爲我的客氣對應之道，讓他們無法循舊例借題發揮發脾氣，化解了一場口角之爭。

還有一次，更是化險爲夷。

當時在南部趕場，由於那檔秀道上兄弟是賠錢的，正想找機會大作文章洩洩氣，那時我剛好因爲趕了一場建醮的廟會後塞車而遲到，就成了兄弟們的出氣筒。

其實這種狀況在當年秀場很常見，趕不上上台時間可以讓下一位藝人先遞補，只要到場後調一下出場順序一樣可以上台依約演出。可是那天因爲道上兄弟心情已經很不爽，後台的藝人們看到我到場每個人臉色都不大對，沒人敢說話。

不知道發生什麼事的我一到場後，沒察覺異樣，依然如常上台把歌唱完，把表演做滿。回到後台後，只覺得平常熱鬧的後台怎麼那天突然那麼安靜，沒多久，我就被叫進道上兄弟的辦公室。

當時我心想應該是我遲到的關係，可能要唸我幾句罷了，沒想到一進辦公室，一位兄弟把門關上後，我整個人嚇到了。

現場大概有二十個黑衣人，只有我一個女生。

我記得當時我的面前是泡茶桌，有一壺水正沸騰，小房間裡只有水蒸氣和沸騰聲急切地此起彼落。接著，一位道上兄弟就朝我走過來往我的頭用力巴下去：「衝啥小！」口氣又兇又狠。

當下的我腦中一片空白，心想也不過是遲到，我還是有上台表演。而且這種情況常有，我又不是第一個。

儘管如此，我還是放下藝人的身段，馬上低頭道歉虛心說：「對不起，眞的很對不起。我遲到了眞的很抱歉。」

當他又要舉手第二次打我時，旁邊有個兄弟出手阻止了他。

其實那時的咒罵聲不斷，我嚇到無法聽清楚他罵了些什麼，只知道要有誠意的道歉，因爲確實是自己遲到在先，希望可以消弭他們的怒氣。

沒想到因爲我的柔軟，當下也軟化了他們，沒多久就放我出來。後來我才知道，在我還沒到場時，他們就已經用當時的大哥大 Call 兄弟們揩人來準備要修理我。

「等一下周思潔來絕對要讓她好看！」事後一位在後台也嚇壞的藝人學他們兇狠的口氣給我聽。

那天晚上十二點，我回下榻的飯店休息才沒多久，櫃檯便來電說有一群訪客請我到大廳去，要跟我表達歉意。因爲我已經更衣準備就寢，無法立刻下樓，於是櫃檯小姐便請對方和我通話。

「周小姐，我們是來跟妳道歉的，因爲後來想想，我們實在太過分了，不應該那樣對妳。」

我笑著請他們不用掛在心上，時候不早了也請他們早點回去休息，就這樣平息了一場糾紛。我想，他們應該事後有檢討，那檔秀賠錢也不是周思潔的錯，把氣發在一個單純的女孩子身上會不會太過份。於是很重江湖道義的兄弟們，很慎重的前來跟我道歉。

回想起來，也是我的傻氣救了我。以柔克剛向來是我的生命特質，有人會說那是沒出息，但我的解讀是，我軟硬都吃，逆來順受。不好的事，我可以往好處想；難以處理的事，我可以好商量。亂七八糟就是紅塵的寫照，這就是人間。

遇到好事，就心存感謝，遇到壞事，也要學會接納。

這就是人生。

最美的領悟

Comprehension

讓「教導」從心裡感受出來，
從日常生活中「真做」出來。

Q&A

在面對生命的不同過程，老師是如何不留遺憾並且全力以赴？

最近這幾年來，我發現自己面對要好的朋友或親近的人離開這世界，我竟然不會掉眼淚，這不代表我不悲傷，只是心酸多於悲傷。而且我深深明白，這些都是人生必然的過程。

我會這麼豁達，是因爲我發現這些年來，我有著雙重標準。有人可能會說，有雙重標準是不好的，其實不然。

「嚴以律己，寬以待人」就是我的雙重標準。我對自己有一定的堅持，但對外界卻很有彈性，什麼都很好，即使是不好的，也會提醒我、教會我。例如我的員工有時會看不慣我身邊的一些人，質疑我爲何對傷害我的人還那麼好，我總是會說：「別人做錯那是他的事，我只管做對的事就好。」不隨之起舞，「做我該做」是我處事待人的原則。

所以，在我的生命中，不論是對家人、朋友或任何人與事，我都是用這樣的雙重標準看待。長久下來，便造就我在面對人世間的悲歡離合和生離死別時，可以冷靜淡然，不過份悲喜。

雖然我自認是個感性的人，常常一點點感動就掉淚，但有時候也會被自己的冷靜嚇到，對於人生，我向來但求無憾。世界變化無常，你永遠無法預知下一秒會發生什麼事，只有盡其在我，做好我該做的事，便不會留下遺憾。

當我深知宇宙是生生不息的，很多原本應該有的悲傷，便會轉化成深深的祝福。也會提醒自己做好自己該做的事，把但求無憾的心，善用在我周遭的人事物。

願意縮小自己

最美的盛開

對世界懷有善意，就是一種愛的能量。

在人群中，我總是很願意縮小自己，放大別人。

有一年我去參加一位國外老師辦的課程，晚上幾十個學員們沒有個別的房間可以睡，而是不分性別，大家一起打地鋪睡在地板。

我記得那次課程只有我是公眾人物，主辦單位還特別要爲我安排一個房間讓我休息，但我婉拒了，我請主辦單位讓我和大家一樣睡地板就好，不用另外幫我安排。

我並不會因爲自己是個老師或名人，就高高在上要與眾不同或享有特權。於是那次的課程，晚上我還是和大家等著排隊洗澡，晚上和大家一起席地而睡。

很多時候這些小事看在別人眼裡都是大事，總是會跟我說：「老師，妳何必這麼委屈自己，人家有特別安排妳就可以輕鬆一點。」但我總認爲，人生中的每個時刻，身處在什麼樣的角色，就要扮演好那個角色。

我也曾經參加過爲期九天的成長營，當時主辦單位規定每個參加的學員要把名牌掛在左胸前，只有我一個人從頭到尾戴著，有些人從來不戴，有些只意思意思第一天別著，第二天就零零落落要戴不戴，沒有人把這件小事當一回事。

我是那種只要人家有明文規定必遵守，不讓別人困擾的人。不論九天裡我換過幾套衣服，那個名牌永遠規規矩矩的別在左胸前。

那次課程結束後，主辦單位很感動的對我說：「周老師，妳眞是一個最好的學生。」

我常常告訴我的學生，一個最好的老師，必須曾經是最好的學生；一個最好的老闆，必須曾經是最好的員工。

在你所扮演的角色中，該你大放光芒，就該讓人看到你的格局。同樣的，如果你必須是配角時，也要能縮小自己。

這一點我向來很有覺知，人生的序位向來清楚明白，從不踰越。

常常有人會跟我說：「周老師，妳能走到今天眞不簡單。」

我總是笑著回答，就是因爲我的人生向來簡單才能走到今天。如果我是個聰明絕頂的人，說不定就會想方設法讓自己過得輕鬆取巧一點，債少還一點，錢多賺一點，也許我就不會是現在的我了。

簡單才會生出力量，痛苦才會令人成長，這是我的理念。

每當深陷利害關係的衝突時，也許有人會笑我傻說我笨，但其實這樣的傻是種對人生的厚道和體貼。

買東西時我常怕人家賺太少，所以我幾乎不殺價，有錢大家賺，大家都要賺到合理的利潤、賺得開心，這是一種疼惜。因爲大家都是付出自己的勞力，只要對方不是拐騙，正正當當的做生意，當然要給人家合理的回報。

就拿這次我拍攝新專輯的MV，以現在的唱片圈景氣來說，除非是天王天后，否則大家都是盡量省。

我卻逆向而行。

拍攝《高貴氣》這首MV時，現場的工作人員就有好幾十位，還不包括舞群、造型師、化妝師，這種高規格的製作，連我自己當天都被現場的工作氛圍所感動。

也許有人會在心裡感慨，幾百萬就這樣一天化爲烏有，眞是好傻！不値得。但當天在片場的我卻想著，如果因爲這支MV，能讓很多有才華的幕後工作人員好好展露，讓低迷許久的演藝圈更有生氣，大家一起有熱忱來完成一件事，是非常値得的。

人要有「遠光」，而不是「近利」。對世界懷有善意，眼界看得遠，能量才能生生不息。

最美的領悟 Comprehension

錢的使命是流通，只要把錢花對，它就會帶回兄弟姐妹。

chapter 4

快樂與幸福

眞正的幸福，

是在生活中深刻品味酸、甜、苦、辣，

而非處在輕飄的喜悅中。

放慢速度，

才能感知潛藏在生命之下的玫瑰人生。

三色堇：沉思，快樂，請思念我。

耐寒的三色堇，總是不畏環境好壞，肥沃或貧瘠的土壤都可以生長。希臘神話裡有個關於三色堇的傳說：有一年春天，天使們到塵世的原野上郊遊，發現了草原上開滿了美麗的三堇花，非常高興。其中有一位天使許願地說：「把我的容貌印在花上吧！把純潔的愛心帶給地上每一個人，我將使妳的前途充滿光輝，使見到妳的人，都很幸福。」說完，親吻花三次，天使就飛返天上。自此以後，天使容貌和三次親吻唇印都印在花上了！三色堇開遍全世界，帶給人們無限的快樂。

締造藝能界的高貴氣

最美的盛開

不管是否一唱成名天下知，至少專業團隊的努力及學生們對我的期待和用心，讓我第一次真切感受到再度站上舞台的美麗與榮耀。

Bloom

說起我和這次新專輯製作人的緣分，其實在合作之前，我和製作人從未見過面也不認識，只知道他打造過很多暢銷歌手，寫過很多膾炙人口的歌。在邀歌的過程中，我也和幾位知名音樂人洽談過，他就是其中的一位。我鼓起勇氣向老師邀歌，沒料到大師級的他爽快答應，開啟了這扇合作的門。

我的感性加上製作人的赤子之心，爲這張專輯碰撞出很多前所未有的火花。

原本只想出單曲的我，在老師一句：「單曲不夠，起碼要有雙曲。」就動搖了我。他認爲至少要有一首快歌和一首慢歌，才會有層次感，於是我聽了他的建議改錄雙曲。

進了錄音室之後，幾十年沒有唱歌的細胞馬上重新被打開，被召喚出來，再加上製作人的引導及鼓勵，燃起了我乾脆出一張專輯唱片的想法。

我記得老師決定爲我寫歌是二〇一八的四月，五月時我在電視上看到金曲獎的頒獎，突然讓我有了想好好做一張唱片的念頭，築起自己也能角逐金曲獎的夢想。

於是我大膽的問製作人：「老師，你覺得我是可造之材嗎？」他被我嚇一跳，直白地對我說：「等我聽完妳唱歌再說吧！」

沒想到錄主打歌《傻傻的花》第一天，我才唱完第二遍時，就被老師叫到音控室，當時的我心情很忐忑，深恐老師認爲我哪裡唱得不好。

「妳自己聽聽看！」他一講，我更緊張。沒想到才聽自己的歌聲沒幾句，我便熱淚盈眶，而且一掉淚便無法自己。人家說淚眼「雙垂」，我是淚眼「多行」。

製作人被我嚇了一跳：「妳怎麼哭出那麼多行淚！」然後他很小聲的跟我說，其實他剛剛在錄音間聽我唱時，他也感動到哭了，連錄音師都很意外。

後來老師跟我說，我完全唱出這首歌的味道，接下來只需後製，我就照這樣的味道繼續唱就好。就這樣，他答應幫我量身訂做和編寫專輯的所有歌曲，並且擔任總策劃，讓我欣喜不已。他告訴我，我是一個悟性很高的人，不論錄唱或拍MV，我往往都能一點就通，馬上能抓住他要的感覺，讓他也很有成就感。

他爲人風趣幽默，十足藝術家的性格。

比如錄歌時，老師絕不讓星媽、經紀人或其他人士進錄音室，這個專屬空間他只允許歌手、他及錄音師三人在場。

專輯的製作過程和討論，老師也希望一切保密到家，不讓我參與。

「妳要想像自己就是巨星，細節不用參與，等製作團隊跟妳報告結果就好！」

他想讓我有女王般的尊寵。

他總是說，我這次的復出要做到三個字「國際觀」，這樣的演藝事業才能走得長遠。專輯錄音完成後，我更邀請了天王天后的企宣團隊，從企劃、混音、封面設計……多位都是金曲獎的得獎人。不管能不能一唱成名天下知，至少專業團隊的努力及學生們對我的期待和用心，讓我第一次眞切感受到再度站上舞台的美麗與榮耀。

最美的領悟 Comprehension

笑不出來，是因為很久沒有哭；
哭不出來，是因為很久忘了笑。

blossoms humbled
prosperously
ur stage now

Hu d flower
bloom
shine y

跳出新高度

最美的盛開

學習是為了捨棄，捨棄束縛我們的習性。

爲了這張新專輯，我卯足了全勁，把自己重新當新人，一刻都不敢懈怠自己。製作人跟我說，進錄音室配唱的前三天，什麼事都不要做，只要帶著充足的睡眠和放鬆的心情前來。

第一天錄音很順利，當晚老師就在他的臉書ＰＯ文，讚嘆自己幫歌手又一次的定位成功，但是就這麼一唱卻把我所有的感動及對歌唱封存許久的熱情全部激發出來，回家後整夜連「一秒」都沒睡。

由於製作人往返北京和臺灣，行程很滿也很匆忙，所以一整夜未闔眼的我，來到錄音室也不敢跟老師提，惟恐耽誤他的行程。直到確認第二首主打歌《高貴氣》錄完後，我才坦白向他說我興奮到整夜失眠。

在我退出演藝圈前，當時的唱片圈頂多幫歌手拍伴唱帶，並不盛行拍MV，這次要進棚拍攝MV，我也是下足了功夫做了很多功課，吃足了苦頭。

從來不運動的學生時代，連體育課都不及格常要補考的我，二〇一八的八月開始，每週固定到健身房上課三到四次，請教練幫我做重訓，鍛鍊核心肌群甚至打拳擊。練到製作人看到我MV的畫面，都笑我二頭肌都跑出來了。

我還聘請凱渥模特兒經紀公司的秀導王聖芬老師幫我上儀態課，調整我的姿勢，學習如何走台步。光是把身體的三點，腳跟、肩膀、臀部成一直線平貼在牆壁的基礎訓練，就讓我全身痠痛到幾乎喊「救命」。

我也向退居幕後已是導演並從事表演設計的傑出演員許傑輝老師學表演藝術。我記得有一堂課許傑輝老師放了十五分鐘的快歌，要我用自己的方式去跳舞和表演。對於不善肢體語言的我來說，還眞是有點困難。但我跳完之後，許傑輝老師還有在一旁的許太太卻驚訝地對我說：「周思潔，妳的身體靈活度超乎我們的預期，沒想到妳跳得這麼輕巧。」

不只如此，我還特地飛到香港向知名的歌手杜麗莎學發聲和歌唱技巧。我很欣賞杜麗莎老師，一開始是希望跟她學台風，但她建議我從基本功練起。

我是這樣把自己當白紙，抱著學習的心拋掉過去的自己，重新練習當藝人。

爲了錄製動感的快歌《高貴氣》，也不惜重金，聘請了小豬羅志祥的編舞大目老師編排設計。拍攝之前也到舞蹈教室跟舞群們苦練約兩星期，甚至足蹬四吋高跟鞋，希望自己能像碧昂絲一樣，動感和電力十足！

這些都是我對自己的要求，從來沒有人要我這麼做，所以即使花費了昂貴的學費，我都當作是對自己的投資，從來不會去計較得失。

連製作人都說，我可以不必花那麼多錢上那麼多課。

很多人看到《高貴氣》的ＭＶ後都露出驚訝的表情，彷彿是在說：「我竟然會跳這麼年輕時髦的舞步。」殊不知在我練舞背後的辛酸。

其實，要不是我勤練健身訓練自己的體力，根本撐不起這支舞，天知道這些我一輩子從來沒跳過的時髦舞步，需要多大的體力支撐。

不只需要體力，還要很大的勇氣和耐力！

爲了穿上四吋高跟鞋跳快舞，開拍ＭＶ前，我就必須踩著它狂練舞步，還要無數次的快速深蹲再站立，那都是很費力的。再加上我的腳又特別小，到處買不到

Size 21.5 公分的高跟鞋，好不容易買到可以穿的鞋，也是要遷就它，就這樣將就著窄小又尖的楦頭跳了好幾天。拍攝當天，我足足跳了一整天，從早上七點半進棚，拍到晚上十一點半整整十六小時才收工。

拍完之後，整整有三天，我無法走路遛狗。整隻腳從腳底板痛到腳背，再痛到腳指頭，這是我當藝人以來，從來沒有過的體驗。

雖然吃了這麼多苦，但我總是笑著安慰自己，沒有人生來就是表演天才，都是後天的努力和養成，製作人口中的巨星哪有那麼好當，那都是嚴格的自律和苦練才能呈現的結果。

就連許傑輝老師，在我上過他幾堂課後，也很有所感的對我說：「思潔，上天要開始回饋善良的妳了！」

也許是吧！像我這樣用功的學生，不管這張專輯的市場反應如何，至少也讓我賺到運動的健康和跳舞的快樂，並確認自己還有很多潛力，這才是最大的附加價值呀！

再累再痛，我都要超越自己，跳出自己的新高度！

最美的領悟 Comprehension

任誰都無法輕鬆的就成功，
它來自徹底的自我管理和毅力。

樂當天然美女

最美的盛開

其實真實的美才是最珍貴的，因為那是自己最獨一無二，沒有任何化妝技術和修圖軟體可以取代。

在醫美盛行的演藝圈裡，看到有人的確變美了，但你相信嗎？五十九歲的我卻不敢嘗試。

我曾經說過，我在演藝圈有個綽號叫「周大膽」，但是我對皮肉之痛，卻一點都不大膽，膽小的不得了！

就連女孩子爲了帶各式各樣的漂亮耳環打耳洞，我都因爲怕痛而遲遲不敢。我的二姐從事珠寶業，她就曾感嘆，因爲我沒有耳洞，所以她那些漂亮的珠寶耳環我都戴不上，非常可惜。

後來好不容易鼓起勇氣，爲了謹愼起見，我去找了知名的皮膚科，大費周章幫我上局部麻醉再打耳洞，你就知道我有多怕痛了。

當醫生拿起耳洞槍要施打時，我嚇到全身發冷汗，你就知道我有多膽小！

可惜的是，過了一個月後我的耳洞可能因爲碰到水而有發炎的現象不能再戴，便自然癒合，我再也沒去打過。也許，我這輩子注定不能戴需穿耳洞的耳環。

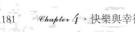

就跟拍過無數武打片幾乎不用替身的成龍一樣，形象威猛厲害、刀槍不入，可是曾有媒體報導他最怕的事卻是打針。我和黑道交過手，遇過許多棘手事件，有膽量避禍，卻沒膽量穿耳洞。

這次復出歌壇重新出專輯，有人鼓勵我去做醫美讓自己變年輕，連我的美姿美儀老師王聖芬都建議我，可以選擇非侵入式的音波或電波拉提。

求好心切的我，本來也鼓起勇氣，翻了黃曆看好日子，沒想到一跟製作人提，便被他阻止。

「不要亂花錢！妳現在這樣很好，做了醫美後萬一變得不自然，就不像妳了！」他極力的反對。

被他這麼一說，我心想也對，這世界一開始也沒有醫美，大家不是也過得好好的？美女從來沒少過，我何必為了新專輯去改變自己原來的容貌呢？

在我認為，適度的透過醫美讓自己更賞心悅目也是件可以接受的事，但每個女人要有勇氣去接受歲月流逝必經的過程，因為大家都一樣，沒有人逃得過變老。

我已經不是二十幾歲的青春女性，硬要把自己整回那個模樣，只會讓自己變得不像自己，扭曲了原本在我身上的天然氣質，不是嗎？

更何況上電視或拍MV都會有專業的髮型和化妝，現場也會打燈，狀況看起來也會有加分，於是決定自在的接受自然美。

我常常感慨，現在的修圖軟體發達，網路上很多修圖修到「殊途同美」的網美臉已經太多，再加上醫美發達，導致有的人一美再美，大家都忘記了其實眞實的美才是最珍貴的，因爲那是自己最獨一無二，沒有任何化妝技術和修圖軟體可以取代。

在追逐網美臉的迷思裡，世界的審美觀已經被操控，變得千篇一律，有些女人整成瓜子般的小V臉，有著圓滾滾的無辜大眼睛，鼓著千年不掉的蘋果肌，好像這樣才是標準美女。

這樣的美復刻太多，大家都不願面對眞實的自己，萬一做出了後遺症，不是很可怕的一件事嗎？

雖然後來製作人回心轉意跟我說，如果我去做一點點醫美，比如打一點肉毒或玻尿酸可以讓自己更有自信，那就去做吧！

但是現在的我可是一點都不想，現階段的我樂當天然美女，也許六十歲以後的哪一天我會去做也不一定，但至少目前我還是原來的我，一點都不假。

最美的領悟 Comprehension

幸福並非來自事事如意，
而是願意自在的接受真相。

潔與flower

潔語：世俗的好意謂著拒絕不好與黑暗，因此更寶貴的是超越好、壞、對、錯。

波斯菊花語：堅強、自由、爽朗。

用好心情保養

最美的盛開

有些人的滄桑是寫在臉上的，我慶幸自己並沒有。也許和我一直樂在學習，常常往內在觀看、反省、靜心，每天都讓自己有一點小確幸有關。

很多人問我保養的方法。

坦白說，我是一個保養程序簡單得不得了的人。

大家都知道，皮膚的膠原蛋白會隨著年齡的增長而流失，讓皮膚失去彈性而鬆垮下垂。但很多人看到我總是會問，怎麼膠原蛋白還是這麼飽滿？

就連我自己的姊姊也總是很羨慕的跟我說，爲什麼我都不用吃什麼、做什麼，就可以維持皮膚的緊緻和彈性呢？

仔細想想，我覺得在我身上最好的天然膠原蛋白，就是心情保養。

坦白說，我的生命旅程發生過這麼多驚濤駭浪的事，還能夠活成現在的樣子，眞該心存感謝。

有些人的滄桑是寫在臉上的，我慶幸自己並沒有。也許和我一直樂在學習，常常往內在觀看、反省、靜心，每天都讓自己有一點小確幸有關。

所以，若問我的保養之道，就是用好心情保養。

連我的化妝師都不敢相信我的保養竟然這麼簡單！

很多女人化妝台上的瓶瓶罐罐在我家是看不到的，我的必備保養品並不多，化妝水、乳液、按摩霜及面膜，白天外出加防曬霜，精華液和眼霜則省去，幾乎很少使用。

平常出門，不管有沒有重要的事，我一定會化妝，回到家第一件事就是立刻卸妝。

我的程序是：用卸妝乳卸妝兩次，洗面乳洗兩次，再用清水沖到臉上感到清爽為止。

然後，我會花個幾分鐘用化妝水輕拍全臉，甚至會重覆再拍化妝水直至皮膚完全收吸。我常常開玩笑，我的化妝水用量可能是全臺灣第一名，150ml 的份量十五天就用掉一瓶，也許我的好膚質就是用化妝水拍出來的。

過去我一週大約會敷臉二~三次，但最近我瘋狂迷上用按摩霜按摩全臉。而且不用任何導入儀器或按摩棒，全靠我的雙手。

最近因為拍攝ＭＶ，和圈內有名的天后化妝師認識，她告訴我，那些儀器雖然有效，但其實最好的導入，就是雙手的溫度。她教了我幾個按摩手法，非常有效，這也是我現在最熱衷的居家按摩療法。

首先，在全臉及頸部抹上均勻的按摩霜，雙手往內握成拳頭狀。

步驟一：沿著下巴到耳朵輕推，可以拉提下巴的曲線。如果想加強雕塑下巴線條，可以用大拇指腹從下巴由下往上，把容易有雙下巴的肌肉部位，沿著下巴到耳朵向上提拉。

步驟二：握拳沿著嘴角到太陽穴，可以拉提法令紋。

步驟三：握拳沿著鼻翼到太陽穴，可以拉提蘋果肌。

步驟四：用手心溫度貼額頭，左右手交替使用。由額頭中心往外推，可以舒緩抬頭紋。

步驟五：在眼睛四周先點壓上按摩霜，下眼頭至眼尾處用食指、中指以弧型線條往上拉提按摩，可舒緩眼袋。上眼頭至眼尾則以雙手握拳用大拇指彎曲的凸出處由眼窩按壓至眼尾也可按雙眉上緣會很舒服。

步驟六：頸部以雙手掌心，由下而上交替按摩，直至營養液全部吸收為止。

記得，所有的動作都要由下往上，由內往外，力道要適中不要過度拉扯臉部肌膚。

我對按摩的瘋狂，已經可以到沒事在家時，一天按好幾次。

我的程序是這樣：早上刷過牙洗完臉後，先擦按摩霜全臉按摩喚醒皮膚，接著上化妝水和乳液加防曬霜。

然後，氣定神閒去吃早餐，做做自己的事。如果離上妝超過一個小時，我會再去用清水洗個臉，重複剛剛的按摩加保養步驟，並隔十分鐘讓保養品吸收之後再上妝。我發現經過按摩的皮膚會讓底妝非常服貼，不易脫妝，而且皮膚經過按摩會立刻變白，很不可思議。

晚上回到家卸妝洗完臉後也按，如果那天都不出門，下午有空也按，居家臉部按摩已經變成我生活的必須。

這樣一來，其實也不需要敷臉了，因爲按摩霜裡的水分已經餵飽我的皮膚。基於這樣的保養習慣，我幾乎沒有進美容沙龍去做臉。

最重要的是，記得要保持愉快的好心情和好能量，這才是最有效也最省錢的天然保養術喔！

最美的領悟 Comprehension

無法善待自己的人，
別人也感覺不出你的可貴與需要。

Q&A

可以請老師告訴我們如何具體做到心情保養呢？

在我每天的日常生活裡，會有很多次大大小小的靜心。

我常常告訴身邊的人，那是我內心裡的一座靜心花園，在這個花園裡，總是百花齊放，各式各樣的小橋流水和美好，都蘊藏在這裡。

現代人很忙，很難抽空好好放自己幾天去度假，所以我總會在忙碌的行程裡，爲自己製造一些小空白。比如要上台演講前，哪怕只有幾十秒的時間，我總是會閉上眼睛靜心，想像自己變成透明體，整個身心都是寧靜的，當我再度睜開眼之後，全身的細胞都是新鮮的，我用全然新鮮的自己站上講台。

很多學生常常問我，爲什麼我每天這麼忙，甚至沒有時間好好睡覺，精神卻永遠這麼好，答案就在我每天給自己的片刻靜心儀式。

每個人的人生中，都有一段最美的旅程，那就是和自己的相處，我認爲這是現代人最需要的心情保養。當你懂得陪伴自己走這麼深刻美麗的旅程，你就會發現自己是安全的、倍受祝福的。如果你是富有的人，你可以樂於分享，錦上添花：如果你是平凡的人，可以自給自足，你的內心就會很豐富。這對我們的身體健康也會有很大的幫助，所謂「心情影響病情，心情創造病情」，就是這個道理。

我眞的希望每一個人的內心都可以有一座屬於自己的靜心花園，在裡面有著你受傷時需要躲起來的山洞祕境，也有你需要聆聽自然的瀑布流水，更有激勵你雨過天晴看見希望的繽紛彩虹。每天都要期許自己多走幾趟這座花園，進入的次數越多，你的心情保養得越好，人生當然就可以更美麗。

潔與flower

潔語：逆境是一場探索之旅，邀請我們「發掘」真相，好讓生命各就各位。

繡球花花語：希望。豐富的人生。

心滿意足瘦身法

最美的盛開

我平常飯後會喝一杯咖啡，吃一點甜點，因為這是生活裡讓自己快樂的小小儀式，我不會因為想瘦身就禁止它。只要吃對順序，吃對方法，偶爾犯規也無所謂。

Bloom

說來也許大家都不相信，我開課十七年來，胖了十七公斤，也就是說，我一年胖了一公斤！

也許一般人會說胖一公斤又沒什麼，但是如果和我當藝人時的四十五公斤的體重相比，其實很驚人。

去年，我發現我最胖的體重高達六十一．五公斤，這才讓我開始緊張，因爲這對健康和外型來說都不是好事，於是我下定決心必須循序漸進瘦回體重四十五公斤。

我花了一年的時間，參考了所有瘦身方法的總和，找出最適合自己，也最健康的方式，我稱呼它爲「心滿意足瘦身法」，我用了這個方法，目前已瘦了十三公斤，平均一個月瘦了一公斤。很久沒看到我的朋友都會很驚訝地問我到底是怎麼瘦下來的？現在，我就來和大家分享。

一、飯前至少先喝七百CC的開水

每個人都知道自己的吃飯時間，至少在吃飯前花二十分鐘慢慢喝七百CC的開水，這樣一來，其實已經佔掉胃的部分空間了，那一餐至少不會吃太多。

二、每餐先吃蛋白質，比如肉和蛋，其他什麼都吃

我的原則是不要太勉強自己，這樣才能養成瘦身的好習慣，而不是用激烈的飲食和手段讓自己瞬間瘦下來，這樣反而容易復胖。如果眞的很想吃某樣食物，那就去吃吧！只要不過量，無需痛苦的限制自己，如果今天因爲吃大餐胖了〇．五公斤，這兩天就提醒自己控制一下，讓體重回歸。

三、每天量體重

無論多忙，每天早晚定時裸身量體重，因爲這時的體重沒有加上衣物，量出來最準確。飲食得當的話，每天瘦個〇．二～〇．三公斤是常有的事。

四、睡眠要充足

以前會發胖的原因之一就是長期睡眠不足，因爲我每天凌晨三點半就要起床，

爲全臺演講的行程奔波，平均每天只睡三個小時，身體沒有辦法代謝和燃燒脂肪，當然會發胖。

五、晚餐不吃澱粉

平常的生活裡，我會盡量在六點前把晚餐吃完，如果當日有重要的飯局才例外，原則就是晚餐儘量不碰澱粉類食物。

六、下午四點以後不進食

這是有特殊任務需要快速瘦身時才會採取的方法。如果要吃就喝一點分子小的乳清蛋白或燙青菜，這兩種熱量都很低，都會讓肚子有飽足感。

七、運動是必須的

尤其在瘦身遇瓶頸期時，運動將能更有效的協助體重下降。

其實我一直強調，瘦身千萬不要苦了自己。我平常第一餐飯後會喝杯咖啡，吃一點甜點，因爲這是生活裡讓自己快樂的小小儀式，我不會因爲想瘦身減肥就禁止它。而且我的工作常常在晚上課後要和學生吃飯聚餐，總不能跟我的學生說老師現在減肥中，這個不能吃那個不能吃吧，這樣太掃興！

如果有飯局，我一樣會去吃，只是我會控制自己吃的量，過多就打包回家，才不會掃了大家的興。

身體是這樣的，當你的細胞告訴你它想吃，你就要讓它吃；當你越壓抑，當它忍不住時，反而吃得更多。有一個方法也許可以解救一時的嘴饞，那就是細嚼慢嚥。當你把食物嚼久一點，腦細胞會接收到彷彿已經吃很多的訊息而得到滿足。如此一來，吃的量也不會過多。

只要吃對順序，吃對方法，偶爾犯規也無所謂，不然人生無法享受口腹之慾還有什麼樂趣呢？

即使要瘦身，我也不想強迫自己，要瘦得健康、瘦得開心，才能最有效也最持久。

最美的領悟 Comprehension

「慢」是一種很好的節奏，
「慢」才能有深刻的體會。

Lucky 帶來的無比幸福

最美的盛開

我很感謝上天讓 Lucky 來到我身邊，他療癒我沒有當媽媽的遺憾，讓我感到無比幸福！

Bloom

我一直很願意相信，Lucky 是上天派來調整我生活步調的天使。

說起我和狗兒子 Lucky 的緣份，還眞的是冥冥中自有安排。

十多年來，我一直住在臺北近郊的一個安靜社區裡，在撿到 Lucky 以前，我每天從早忙到晚，從未踏進社區裡的漂亮花園一步，是撿到 Lucky 後，必須每天帶他

出去散步，才終於有機會放慢腳步看社區花園裡的一花一草。

早年的我一直有便祕的困擾，當時又沒有運動的習慣，也是因爲有了 Lucky，強迫自己每天陪著他至少散步兩趟，一趟至少四十分鐘或一個小時，沒想到因爲走了很多路，我多年的便祕竟然不藥而癒，不再困擾我。

你說，他是不是上天派來的天使呢？

會把他取名叫 Lucky，是因爲小時候我的大姐曾經撿回一條流浪狗養在家裡，那隻狗也叫 Lucky。當時年紀小的我很愛他，每天下課就是跟他玩在一起。有一天晚上，他誤食了那個年代賣狗肉不肖商人的毒餌而突然過世，媽媽不忍我看到他痛苦離開的樣子，三更半夜就把他的遺體處理掉，所以我連他的最後一面都沒看到，爲此大哭難過了好久。

多年以來，我一直沒有忘記小時候陪伴我的 Lucky，所以十多年前撿到現在的 Lucky 時，就取了一模一樣的名字來紀念他。

於是，我的狗兒子正式從母姓，名叫周 Lucky，台語叫做「揪 Lucky」！

說也奇怪，他來到我的生命之後，我的生活確實有了很多不可思議的改變。

二○○八年的八月，我和 Lucky 在助理送我回家的路上相遇，那天晚上飄著細雨，加上天色昏暗，我的車已和 Lucky 交錯而過，助理發現路邊隱約有隻狗，問我要回頭看看嗎？才發現是一隻被棄養的小狗。

由於我車上常常會帶著狗飼料餵流浪狗，於是助理問我要不要下車餵他。下車之後，我發現他受了傷，身上的毛被前主人剪得光禿禿醜醜的，根本看不出那是一隻雪納瑞。雖然當時的 Lucky 可能剛被棄養不久所以對人沒有防備，但我還是怕他會咬人，於是我拜託助理到獸醫院去借了一個狗籠子，想讓他自己進去籠子然後送到醫院，沒想到籠子拿來了他始終不肯進去。

「你再不進來我們就要走囉！」無計可施的我只好這樣跟他說。當我把車門打開請他跟我們走時，沒想到他眞的跳上了車！

我們的緣份就此展開。

於是，我和助理把他送到獸醫院，醫生建議我留置檢查。隔天我再回到醫院看他，醫生告訴我他可能發生過車禍，有被車撞到，巨大的衝擊讓他後腳鼠蹊部的內膜破裂，導致腹部的腸子往下墜，如果兩天內沒有開刀生命就不保。我聽了十分難過，二話不說隔天就請醫生動手術。

在 Lucky 開完刀住院療養那幾天，我每天都去看他，他似乎也已經把我們當做他的家人，撿到 Lucky 的那天晚上，我的助理抱起他上醫院，他就已經會頻頻回頭找我。我們要離開時，他總會發出傷心不安的哀嚎聲，好像在呼喊我們不要遺棄他！

原本我是抱持著把他醫治好就看有沒有人要收養照顧他，因爲我的工作要四處出差常常不在家，根本不適合養狗，也從來沒有養狗的念頭，沒想到身邊的朋友剛好都無法領養。就這樣，我決定把 Lucky 帶回家。

以前常常聽人說：「什麼人養什麼狗」，還眞有它的道理。

我很喜歡在家中養盆栽，當時我的家中光是放在地上大大小小的盆栽就有近百盆，有些狗會去咬盆栽，但是我把 Lucky 帶回家後，他從沒有去動過我的盆栽。也從來不會在家中大小便，不管我怎麼訓練都不肯，只有帶他出去外面才會大小便。甚至聰明到帶他到外面都會分辨室內室外，比方說去百貨公司，他知道那是室內，所以從來不會在裡面大小便，一走出百貨公司，他立刻會找地方尿尿。

Lucky 的自律和愛乾淨的習性，簡直和我一模一樣呀！

我常常想，雖然我到現在還沒有結婚也沒有孩子，但自從有了 Lucky 之後，我終於體會當媽媽的心情。以前我總是對離不開孩子參加成長營的學生說：「才兩天一夜而已，有什麼離不開的呢？」現在我終於能明白，要我離開 Lucky 兩天一夜，我會有多麼想念和不放心！這種牽掛的心情還真的要當過媽媽的人才能體會。

現在，我的生活裡已經不能沒有 Lucky。只要他在我身邊，每隔幾分鐘我就會想要去看看他、摸摸他，跟他說說話。

「你好帥！媽咪好愛你喔！」這是我每天一定要對 Lucky 重複說好幾遍的話。

我很感謝上天讓 Lucky 來到我身邊，他療癒我沒有當媽媽的遺憾，讓我感到無比幸福！

最美的領悟 Comprehension

所有的愛，都是透過徹底了解自己，才能有一個「感同身受」的基礎。

疼惜生命中的萬事萬物

Lucky 教會我很多事，雖然他不會說話，但我總是很努力觀察他，看看他到底想要跟我說什麼。

我對 Lucky 總是有一種愛要及時的疼惜和寵愛，這也許和我童年曾經發生過一件事有關。

小時候在我們和別人一起分租的房子裡有個閣樓，如果要到閣樓總是要經過人家房間。有一次，我家養的母貓跑到閣樓生小貓，某一晚不知道發生什麼事，母貓整晚都發出哀淒的哭聲。我求媽媽讓我去閣樓看看，媽媽卻不願叨擾人家，既擔心又害怕的我只能乾著急。

隔天的畫面，在我幼小的心靈造成很大的創傷。因爲我看到有一隻剛出生的小貓似乎是被木板壓到而死亡，連脖子都被壓成扁平狀。無助的母貓用悲傷的眼神看著我們處理牠死去的小貓。原來昨天半夜母貓的哀嚎是在求救啊！牠那麼努力想要救自己的孩子，我們卻沒人伸出援手！

那時候的自責和難過，是我一輩子都不會忘記的傷痛。

也許是因爲這樣，我對小動物的生命，總是特別有感情，想要守護牠們。就連在路邊看到受傷的蝴蝶跌落在地上無法展翅高飛，我也會小心翼翼的把牠撿起來放到安全的地方，深恐有人不小心踩到牠。

我也曾經不計代價，在路邊救了一隻全身是病、在國外是會被安樂死的流浪大型犬，因爲牠防禦心太強無法靠近，只好花錢請獸醫到現場幫牠打針，再以食物誘導牠回醫院救治，還把牠取名叫 Happy。因爲已經養了 Lucky 無力再養牠，於是拜託社區裡做資源回收的阿姨收養，這樣我也可以就近看到牠。我每個月支付阿姨照顧費，還外加洗澡和飼料費。算一算，前前後後花在 Happy 身上的錢連同醫療費，已六位數字！

更甚的是，曾經有人問我，如果有人綁架 Lucky，要我拿出鉅額贖金，我會怎麼做？我的答案當然是借錢也要去把 Lucky 救回來！

因爲對我來說，一切以命最大！

朋友看我對待 Lucky 的方式都覺得不可思議，我總是會對朋友笑著說，如果我有孩子，一定是個很會寵小孩的媽媽。

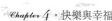

你相信嗎？我每天最常做的事就是抱著 Lucky，甜膩的跟他說：「你好帥！你好乖！」在我眼裡，他就是無可取代的心肝寶貝。

狗狗最常見的牙結石，在 Lucky 身上完全都看不到，連獸醫都很驚訝。因爲我會買狗狗專用的酵素牙膏，每天都要仔細幫 Lucky 刷牙二到三次。光是用牙刷還不夠，最後我還會再用自己的手指頭沾一點酵素牙膏再一顆顆幫他刷一次，並作牙齦按摩，確保每一顆牙齒都乾乾淨淨。

因爲他咬硬物致使有一顆牙齒出問題，我心想身體髮膚受之父母不可損傷也，於是捨棄了最便宜的拔牙，而是帶他去給醫生做根管治療，幫他做了一顆假牙，只希望他的一生能平安、健康、快樂。

我是一個物欲不高的人，花錢還算節制，但花在 Lucky 身上的錢，卻從來不手軟。

Lucky 也教會我很多事。雖然他不會說話，但我總是很努力觀察他，看看他到底想要跟我說什麼。

他在家裡有三張床，大床就是我的床，晚上我要睡覺時，他常會和我一起睡在這張床，另外還有平常白天睡的中床和休息的小床。

有時晚上，我會看書到很晚都沒上床睡覺，這時候已經睡著的Lucky 會突然醒來，發現我還沒睡，就會走到我身旁默默坐下，好像在用眼神跟我說：「媽咪，這麼晚了，妳怎麼還不睡？」只要一看到他關心的眼神，我就會立刻放下手中的書，馬上跟他上床睡覺。

獸醫曾說，狗狗最怕的事就是主人不理他。有一次他做錯事，我就故意用不理他來處罰他。結果我發現他會用他的智慧，去吸引我的注意。

他發現我一直不理他也不看他，就跑去喝水，把下巴弄得濕答答跑到我面前。因為他平常一喝水我一定會幫他擦嘴巴，免得他嘴邊的毛變黃。

學過教育訓練的人都知道，溫柔的肢體互動是化解宿怨最有效的溝通，他知道我幫他擦嘴的瞬間，代表我已經原諒不再生氣了。

所以我總覺得 Lucky 雖然沒上過心靈成長課，但是他有用頭腦在和我相處。

還有一次，我到國外出差，平常出差頂多一個禮拜，那次時間比較久，去了將近兩個禮拜。那天我一下飛機，就和公司的員工一起開車到安親住宿的寵物店接他。Lucky 遠遠看到我們來，就很高興地往前衝，我也迫不及待跑向前想抱他，沒想到他跑到我面前就做一個假動作「緊急大轉彎」，跑去和我的員工抱抱，和我的助理親親，就是不理我，當下我好氣又好笑。

「不理媽咪是嗎？那媽咪就讓你去當流浪狗！」話才一說完，他就回吠我，他用叫的不親我，我就故意又數落他，就這麼一來一往，他也不甘示弱，過招幾回後他才衝過來找我。後來我想想，Lucky 應該是在生氣我這次怎麼去那麼久，這麼多天才來接他，他用這樣的方式來撒嬌，表達他的不滿。我講他一句，他就回吠我一句，我們兩個的對話惹得我的員工們笑不停。

動物們的可愛，就在於牠們對你的愛是無條件的，是最純粹的，當然值得我們的疼惜。

有了 Lucky 之後，我的生活步調真的變慢了，節奏也放鬆許多。這對長期處在高壓力的我來說，眞的是最好的身心良藥。
不論我遇到什麼煩惱或不開心的事，只要一看到他，我的心就會被融化。
生命中還有什麼能比這樣的愛更滋養的呢？

最美的領悟 Comprehension

當我們無法讚美生命時，
正是幸福逐漸遠去的跡象。

好能量才有好生活

最美的盛開

「幸福」就是內在單純，吃飽了，就該覺得人生真幸福。

現在的我，很懂得享受所有的過程和每一個現在。

在MV中你們會看到我突破自己以前的框架，挑戰碧昂絲的M形腿舞步；你們會聽到我唱R&B。

我把所有的發生當作最好的發生。

過去我的人生旅程一直是種壓榨，我的身體負荷很大，我曾經累到「兩蹋糊塗」都還不足以形容我的疲憊。現在，我知道我必須補回去，好好的調整自己的腳步，讓自己輕鬆一點，放慢一點。我仍然有目標有夢想，比如我以前曾經拿到日本小原流和西洋花插花證照及教授資格，學過國標舞和古典鋼琴，這些都是未來有時間我想再重新學回來的才藝。

電視節目《風水有關係》曾經到我現在的住家來拍攝。沒想到向來對居家風水很有研究也百般挑剔的命理師詹惟中，竟然說我的家風水非常ＯＫ，沒有什麼需要大改造的。連主持人都很驚訝，我是不是找人來看過風水，才搬進這個家，其實並沒有。我的風水師應該就是我的狗兒子周 Lucky，因爲當初我要搬進這個家之前，曾在同一個社區看了兩、三間房子都帶著 Lucky，唯獨進到這個房子時，Lucky 很自在的跳到沙發椅端坐著還開心地打滾，感覺好像回到自己家一樣。詹惟中說這就對了，狗狗對能量場的感應很強，代表這個房子適合我，會爲我帶來好運。

我喜歡乾淨明亮的家，因爲是租來的房子，房東是投資客，因看上過戶的裝潢好才買下，所以我並沒有再做大幅度的修改，只有小小的調整，維持淡雅明亮的色系。家裡的擺設也很簡約，說不上華麗，自然和清爽是我愛的風格。

生活單純的我，向來也把日子過得很簡單，有時候媽媽看我跟Lucky感情這麼好也會很感慨地對我說，如果我十年前就生養孩子，現在小孩也都十歲那麼大了。

但我到現在都不曾有遺憾。

也許有人會問我，如果當年嫁給初戀男友，人生會不會不一樣呢？

我可以很肯定的說，人生是這樣的，只要本身的能量場沒有改變，換一個故事演只是情節不一樣，但還是會受同樣的苦。很多人會說「早知道」，其實，唯有提升自己的智慧，否則只會重新「重複」，不會重新開始。

如果當年我嫁給初戀男友，他和我懸殊的家庭背景不會改變，對我強烈的改造慾也不會改變，即使我有富裕的物質生活，也不會快樂。我的人生會有不一樣的苦，也得不到我想要的幸福。

我從來沒有後悔當時沒有選擇另一條路，過另一種人生。

所以，我也要和你分享，這世界沒有「早知道」，如果回到從前重新選擇，並不會更好，除非打從心底把自己的智慧和能量場改變，因爲生命是相吸的，只有讓自己更好，才會吸引好的能量。

我常常開玩笑跟現在的年輕人說，很多女孩打扮入時常上夜店或費盡心機跑趴，只爲了看能不能認識富二代嫁入豪門。但有沒有想過，如果眞的進了豪門，自己的能量場不夠撐起豪門的飯碗，還是會有被退貨的一天啊！

我在上課時曾放過一段日本的影片，完全呼應我的說法。

影片中的女主角只能活到三十歲，當她知道自己只能活到三十歲時十分後悔，認爲自己很多事很多選擇可以重來。於是她要求死神把時光倒流讓她回到過去，死神應允了她，她回到過去選擇了另一條路，結局還是很悲慘，只是發生的過程不一樣。

人生就是這樣，一定要從改變自己做起，只有能量變好才能吸引正能量，而不是在負面的情緒中打轉，怨怪自己爲何老是遇到不對的人發生不好的事。

我現在最常做的事不是追求世俗的擁有，而是每天檢討和反省自己，每天檢視自己的起心動念，因爲我相信只要把自己清理好，幸福的能量自然水到渠成，這才是我要追求的好生活！

最美的領悟 Comprehension

沒有提升智慧的人生，
只有「重新重複」沒有「重新開始」。

Q&A 外遇和偷情對能量會有什麼影響？

宇宙的能量是很特別的，當一個家的能量被一個外遇的伴侶帶走，便會削減另一半的能力，甚至整個家族的能量。千萬不要以爲沒被發現就暗自欣喜，殊不知你的家庭能量正在無形之中走下坡。

這就是爲什麼風流的人事業都會受影響，因爲情運影響財運。

我們可以看看每年的全球十大富豪裡，東方人偶爾只有李嘉誠上榜，其餘都是西方人。如果按照人口比例來看，東方人其實不應該只有李嘉誠一人上榜。這裡面有個有趣的原因在於東方男人自古多風流，但西方富豪通常在商場上比較避諱醜聞，而很多東方富豪卻把有名模或美麗的藝人相伴當作可炫耀的動產，藉此來彰顯自己的能耐與財富。殊不知這也是一種負能量的消耗，所帶來的紛擾絕對會影響自己的財運和事業運。

現在的世界誘惑太多，外遇或劈腿的事件層出不窮，我們應該好好重新審視自己的感情。就像一天只有二十四小時，一個人每天的能量也是有限的，當一個人分了很多能量在花天酒地，風流情場，相對也就剝奪了可以好好工作的正向能量。

想想看，當一個人的身體長時間和不同的人進進出出，也會爲自己帶來混濁的能量。請男人好好想一想，會和你逢場作戲的女人，一定也會和別的男人逢場作戲，這樣的關係短時間雖然帶來刺激和快樂，長時間下來，對自己的人生絕對大傷能量。

潔與*flower*

潔語：無法善待自己的人，別人也感覺不出你的可貴與需要。

鈴蘭花花語：幸福即將到來。

潔與flower

潔語：有時「錯誤」是為了把我們帶到「更對」的地方，因此嚴格的說，生命它從來未曾有錯。

荼蘼花語：末路之美。

People 438

傻傻的花

作　者—周思潔
文字整理—呂燕琪
主　編—林菁菁
封面設計—楊珮琪
內頁設計—李宜芝
企劃主任—葉蘭芳

董 事 長—趙政岷
出 版 者—時報文化出版企業股份有限公司
10803 台北市和平西路三段二四〇號七樓
發行專線—（〇二）二三〇六六八四二
讀者服務專線—〇八〇〇二三一七〇五
（〇二）二三〇四七一〇三
讀者服務傳真—（〇二）二三〇四六八五八
郵撥—一九三四四七二四時報文化出版公司
信箱—台北郵政七九～九九信箱
時報悅讀網—http://www.readingtimes.com.tw
法律顧問—理律法律事務所 陳長文律師、李念祖律師
印　刷—詠豐印刷股份有限公司
初版一刷—二〇一九年九月二十日
定　價—新臺幣三八〇元
（缺頁或破損的書，請寄回更換）

時報文化出版公司成立於一九七五年，
並於一九九九年股票上櫃公開發行，於二〇〇八年脫離中時集團非屬旺中，
以「尊重智慧與創意的文化事業」爲信念。

傻傻的花 / 周思潔著 . -- 初版 . -- 臺北市 : 時報文化 , 2019.09
面；　公分

ISBN 978-957-13-7858-9(平裝)

1. 自我實現　2. 成功法

177.2　　　　108010174

ISBN 978-957-13-7858-9
Printed in Taiwan